MONOPOLES COMMUNAUX

ÉCLAIRAGE AU GAZ ET A L'ÉLECTRICITÉ

DISTRIBUTION D'EAU ET DE FORCE MOTRICE

OMNIBUS — TRAMWAYS

MONOPOLES COMMUNAUX

ÉCLAIRAGE AU GAZ ET A L'ÉLECTRICITÉ
DISTRIBUTION D'EAU ET DE FORCE MOTRICE
OMNIBUS — TRAMWAYS

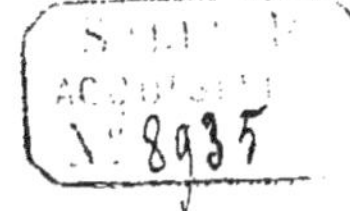

Étude de droit administratif et de science économique

PAR

Eustache PILON

Avocat à la Cour d'appel

Docteur en droit

Docteur ès sciences politiques et économiques

Chargé de Conférences à la Faculté de Droit de l'Université de Caen

PARIS
V. GIARD & E. BRIÈRE
LIBRAIRES ÉDITEURS

16, rue Soufflot, 16

1899

INTRODUCTION

« Antioche près de Daphné » fut une des
plus belles villes de l'antiquité. Une eau limpide
arrosait ses rues, coulait dans toutes les maisons, alimentait des bains luxueux, et, le soir,
de brillants flambeaux illuminaient les voies de
la cité. « Cette eau est si claire, dit Libanius, que
le vase paraît vide, et si agréable qu'elle excite
à boire ; ces flambeaux donnent une lumière
comparable à celle du soleil : la nuit ne se
distingue du jour que par la différence d'éclairage ; les travailleurs n'y font point attention et
continuent de forger. » [1]

Des siècles ont passé, et pourtant combien
de nos villes modernes peuvent être comparées
à Antioche ! Faut-il donc regarder en arrière
pour contempler le progrès ? En France notamment, l'éclairage public est moins perfectionné
et coûte plus cher que partout ailleurs ; l'eau

[1]. Libanius d'Antioche, cité par Mommsen, *Hist. romaine*,
t. xi, p. 19.

n'a pas souvent la clarté qui fait que le vase
paraît vide ni la saveur qui excite à boire ; les
services de transports en commun n'existent que
dans quelques villes, et M. Leroy-Beaulieu
pouvait dire récemment sans rien exagérer que,
« parmi les nations riches et de vieille civilisation, la France est l'une des moins bien
partagées pour la possession et le bon marché
de ces précieux instruments d'usage collectif [1]. »

Pourquoi ce retard dans le développement
de la vie communale ? A quelles causes attribuer notre infériorité vis-à-vis d'autres nations
plus neuves et quels sont les remèdes ?

Et, puisque des « monopoles » [2] ont été donnés

---

1. P. Leroy-Beaulieu, *L'État moderne et ses fonctions*. p, 229.

2. L'expression de « monopoles communaux », qui sert à désigner
aujourd'hui les services publics dont il s'agit et aussi d'autres services (poids et mesures publics, plaçage dans les foires et marchés,
balayage, etc.), que nous avons systématiquement écartés de notre
étude, est presque neuve. Il n'y a d'ailleurs rien d'étonnant à cela,
la plupart de ces services publics étant de création récente. On sait
en effet que, pour l'éclairage, par exemple, il n'y eut pas d'éclairage
public jusqu'au milieu du XVIe siècle : les rares flambeaux qui
éclairaient les rues étaient dus à la sollicitude de la religion. Il y
avait bien quelques lanternes le long des murs, mais elles n'existaient
qu'en peinture. Les noms de la « Vieille-Lanterne », de la « Lanterne-
en-la-Cité », etc., viennent de lanternes peintes en forme d'enseigne.
Cependant, on peut signaler un monopole d'éclairage au XVIIe siècle : en 1665, l'abbé Laudati créa une compagnie de porte-lanternes
qui éclairaient les habitants pour un prix convenu, et pour cela
obtint un privilège d'une durée de 20 années. Mais, jusqu'au troisième
tiers de ce siècle, les lanternes destinées à l'éclairage public trou-
blaient la circulation ; de même qu'au dire d'Ammien (xiv, 1, 9), le
prince Gallus, pendant sa course à travers Antioche, fut fort con-

pour l'exploitation de ces services, quelle est la
nature exacte de ces monopoles, quel est leur
objet ? Comment justifier le droit pour la
commune de les créer ? Sont-ils nécessaires et
dans quelle mesure le sont-ils ?

Autant de questions qui méritent de faire
l'objet d'une étude spéciale, en raison de l'intérêt juridique, politique, financier, économique
et social qu'elles présentent.

Intérêt juridique : l'exploitation de ces services, l'interprétation des traités conclus entre
la commune et les particuliers donnent en effet
naissance à de nombreuses difficultés. A l'aide
de quels principes peut-on les résoudre, et
quelle est la juridiction compétente pour en
connaître ?

Intérêt politique; car on est porté à se demander si le retard dans le développement de
ces services communaux ne provient pas de
l'insuffisance de l'autonomie communale et de
l'exagération des pouvoirs de réglementation et
de tutelle de l'État.

---

trarié par les lanternes, de même, en 1815, le char transportant les
restes de Marie-Antoinette et de Louis XVI et, en 1840, celui transportant les restes de Napoléon s'accrochèrent à tous les réverbères
de la route. Ce sont, du reste, accidents qui arrivent encore de nos
jours. Plus récents encore sont les monopoles de distribution d'eau
et de transports en commun par omnibus ou tramways. On a aussi
proposé d'appeler ces services publics, non pas monopoles communaux, mais « industries *indivisibles* ». (Marshall., *Some aspects of
competition.*)

Intérêt financier, parce que l'extension donnée par la jurisprudence aux monopoles concédés nuit aux communes et aux capitalistes. Se croyant libres à raison de la teneur de leurs traités, les communes ont fait de nombreuses concessions à des entreprises concurrentes, et sont de ce chef condamnées à des dommages-intérêts envers le premier concessionnaire. Quant aux capitalistes, effrayés des échecs subis par ces nouvelles entreprises, ils cherchent pour leurs capitaux des placements plus lucratifs ; et la jurisprudence arrive, en fin de compte, à ce résultat qu'en favorisant les monopoles, elle favorise aussi l'émigration des capitaux.

Intérêt économique et social enfin ; car le problème est pressant de savoir lesquels ont raison, de ceux qui veulent laisser ces services entre les mains des particuliers, ou de ceux qui combattent pour l'exercice direct par la commune, pour la « municipalisation ».

Cette municipalisation est aujourd'hui le cri de guerre d'une notable fraction du parti socialiste. Mettant en avant l'intérêt des consommateurs, les socialistes courent sus à la concession des monopoles communaux, et demandent le retour de ces monopoles à la commune. A dire vrai, ils veulent surtout faire de la commune la base d'une organisation nouvelle ou, selon l'expression de Benoît Malon, le « pivot de la vie sociale future [1] ». Après avoir longtemps hésité dans leur orientation, ils ont enfin relevé le point. Ils ont pensé que la « socialisation » des services publics n'était pas réalisable d'un seul coup, que l'« étatisation » elle-même était encore un objet trop vaste ; ils voient au contraire dans la commune un champ d'expériences qui, plus restreint, est plus facile à cultiver, et c'est sur elle que finalement ils ont jeté leur dévolu. C'est-là, disent-ils, un programme raisonné et d'une rigoureuse logique ; car, une fois les communes fécondées de la semence socialiste, l'étatisation sera proche, puis la socialisation. Le retour à la commune des grands services publics communaux n'est donc pour eux que le prélude du retour à l'État des grandes compagnies et la première étape de l'organisation nouvelle.

Il ne faut cependant rien exagérer : on peut être partisan de la municipalisation sans être socialiste, de même qu'on n'est pas socialiste parce qu'on demande une large décentralisation administrative; et on peut l'être, parce que à l'image de l'État, la commune a un rôle à jouer dans l'ordre économique [2], parce que surtout

1. BENOIT MALON, *Le socialisme intégral*, T. II, ch. VII, p. 351.
2. Ce serait un parallèle intéressant à faire que celui du rôle de la commune et de l'État dans l'ordre économique. On s'est placé

l'exemple d'autres nations est là pour prouver les avantages considérables du système de la régie directe.

Lors d'une récente visite à une de nos plus grandes villes [1], le maire de Liverpool engageait vivement la municipalité à mettre en régie la plupart des services qui sont sous sa dépendance.

C'est qu'en effet la municipalisation a donné en Angleterre des résultats merveilleux: perfectionnement des services de distribution d'eau, d'éclairage, de transports; abaissement des prix de vente, diminution des taxes locales, augmentation du salaire des ouvriers.

parfois, pour étudier le rôle de l'État dans l'ordre économique, au triple point de vue du rôle qu'il peut jouer d'abord par voie d'action, puis par voie d'impulsion, puis par voie de réglementation. (V. *Du rôle de l'État dans l'ordre économique*, par M. Edm. Villey.) Le même ordre pourrait être suivi pour étudier le rôle de la commune : doit-elle intervenir par voie d'action, en se chargeant de services d'intérêt commun que l'industrie privée est incapable de remplir? Ne doit-elle pas aussi intervenir par voie d'impulsion, et encourager l'industrie et le commerce locaux par des mesures analogues à celles employées pour encourager la production nationale. Il y aurait donc à étudier la question du protectionnisme communal et à déterminer dans quelle mesure il peut être admis. (Comp. l'étude de M. Ch. Roux, *Questions économiques*, publiées dans les premières livraisons de *L'Écho des communes*, et aussi les observations de M. Say, C. R. de l'Acad. des Sc. mor. et politiques T. CXLIV, 1895, p. 883 et suiv.); enfin, comme l'État, la commune peut-elle intervenir, par voie de réglementation, pour réglementer les conditions de production, de fourniture ou de vente de certains produits ou services?

1. Visite du maire de Liverpool à Bordeaux. — *Le Temps*, 16 avril 1898.

Un grand enseignement se dégage de ces faits. En vain voudrait-on l'arrêter au nom de la liberté et de l'initiative individuelle méconnues.

Il ne s'agit plus ici de répondre à des arguments d'école par d'autres arguments d'école, et d'opposer aux doctrines de l'économie orthodoxe les postulats de l'école socialiste.

Nous ne voulons répondre que par des faits, et ces faits, nous allons les cueillir sur le sol même dans lequel a germé la doctrine du laisser-faire et du laisser-passer, et où ont vécu les apôtres de la liberté individuelle et de la libre concurrence.

*
* *

Ces monopoles communaux offrent donc un sujet d'études fort complexe ; ils montrent d'une façon remarquable quel lien intime existe entre l'économie politique et le droit administratif, et combien il est impossible d'isoler l'étude des phénomènes sociaux des règles de droit qui président au développement et à la manifestation de ces phénomènes. On a démontré récemment les rapports du droit et de l'économie politique [1], indiqué quels services ces deux

2. Dans une récente séance de la Société d'économie politique, M. Lyon-Caen a remarquablement mis en lumière les rapports du

sciences peuvent se rendre l'une à l'autre, et quel intérêt considérable résulte de « cette sorte d'échange scientifique ». Peu de questions permettent de mettre davantage en lumière ces vérités.

Peu de questions aussi rendent aussi difficile le choix d'une méthode. De même que l'objet auquel elle doit s'appliquer, elle sera complexe. Nous déterminerons d'abord, dans une première partie, l'objet exact de ces monopoles communaux et le droit qui appartient à la commune de les créer. Puis, dans une deuxième partie, nous étudierons le fonctionnement de ces monopoles sous le régime de la concession; et enfin, dans la troisième partie, l'exercice direct de ces monopoles.

Pour faire cette étude, nous puiserons à des sources diverses: d'abord aux ouvrages nationaux et aux articles de revues qui incidemment ont parlé de la question, puis à certains comptes rendus de conseils municipaux ou de congrès, enfin aux sources étrangères, notamment à la littérature anglaise et allemande, celle-ci pour la théorie de la concession, celle-là pour pouvoir appuyer le système de la régie directe des

droit et de l'Économie politique. « Le droit et l'Économie politique sont des sciences du même genre, des sciences morales; mais elles n'envisagent pas au même point de vue des questions semblables. » *(Journ. des Écon.*, 1897, 15 août, p. 242.)

monopoles communaux par les municipalités
sur des faits vécus et incontestables [1].

1. L'étude des monopoles communaux, telle que nous la présentons, n'a pas encore été faite. Les principaux renseignements nous ont été fournis par MM. HAURIOU, *Dangers des monopoles de fait établis par occupation de la voie publique.* Rev. du droit public et de science politique, I, p.78 et suiv., et plusieurs notes dans Sirey (1894. 3. 1 ; 1896. 3. 129 ; 1897. 3. 17). — R. TOUTAIN, *Des autorisations et des contrats portant concession d'éclairage,* etc. Revue génér. d'adm., 1882. 2. 261. — LEROY-BEAULIEU, *L'État moderne et ses fonctions,* 1890, p. 229 et suiv., et différents articles dans l'Économiste français. — Exposition universelle de 1889, *Groupe de l'Économie sociale,* T. II, p. 567 et suivantes. — MALON, *Socialisme intégral,* T. II, p. 351 et suiv. — CAMMEO, *I monopoli communali,* articles parus dans l'*Archivio Giuridico,* T. 54, 55, 56. — GABBA et ROUGIER, *Dei monopoli sui beni communali,* Milan 1896. — RANELLETTI, *Teoria generale delle autorizzazioni e concessioni amministrative* : Liv. I, *Concetto e natura,* Turin, Union tip. 1897 ; liv. II, *Capacità e volontà;* liv. III, *Facoltà,* Turin, Bocca 1897. Cet ouvrage a d'abord été publié dans une série d'articles de la Riv. ital. per le scienze giuridiche. — SILVERTHORN, *The transfer of gasworks to public autorities.* — DOLMAN, *Municipalities at work,* 1896. — MÉTIN, *Le socialisme en Angleterre,* p. 224 et suivantes, et divers articles dans la Revue d'économie politique, l'Économiste français, le Journal des Économistes, la Revue générale d'administration, la Revue socialiste, la Revue des Deux-Mondes, Quarterly Review, National Review, The Economist, The Arena, cités dans le cours de cette étude. — En ce qui touche spécialement les monopoles pour l'éclairage au gaz ou à l'électricité, les renvois pour les décisions de jurisprudence seront faits aux ouvrages de MM. Garnier et Dauvert, *Les concessions de gaz et d'électricité devant la juridiction administrative,* T. I et II, et de MM. Herard et Sirey, *Les canalisations d'éclairage électrique,* 1894. Pendant l'impression de notre étude paraît un travail de M. Cruveilhier : *Les concessions d'éclairage,* Rev. gén. d'adm. 1898. Va paraître : *Les Industries monopolisées aux États-Unis (Trusts),* par M. Paul de Rouziers ; un extrait de cet ouvrage, « *Les services publics et la question des monopoles aux États-Unis* », vient d'être publié par la Revue politique et parlementaire, 1898, T. XVIII, p. 84 à 106,

PREMIÈRE PARTIE

Théorie générale des monopoles communaux

CHAPITRE Ier

NOTION ÉCONOMIQUE DU MONOPOLE COMMUNAL. — SON OBJET.

Pour définir exactement le caractère et l'objet des monopoles communaux qui sont le sujet de cette étude, il est indispensable de déterminer d'abord la notion du monopole en économie politique. Ce n'est pas là une recherche oiseuse, car tous les économistes n'en ont pas la même conception, et certains hésitent même à couler leur conception dans le moule de la définition.

Tel Aristote, lequel voulant définir le monopole, rapporte cet exemple d'un certain Thalès de Milet qui, ayant prévu grâce à ses connaissances astronomiques, que la récolte des olives serait abondante, loua tous les pressoirs de Milet et de Chios pour, le temps venu, les sous-louer à haut prix et en tirer un profit considérable [1].

D'autres auteurs ont cherché dans l'étymologie du mot la caractéristique du phénomène : « Faire le monopole, écrit Condillac, c'est vendre seul [2] ». Le même procédé inspire aussi la définition de Proudhon [3], il a fait écrire à Adam Smith cette phrase un peu vague [4] : « Le monopole a le même effet qu'un secret dans un genre de commerce ou de fabrication. » Il a enfin dicté à des esprits distingués de notre époque, une conception du monopole toute subjective, et dont l'étroitesse jure avec les phénomènes ambiants.

Se plaçant au contraire à un point de vue objectif, J. S. Mill [5], définit le monopole, en le comparant à un impôt levé sur le public : conception trop étroite et qui vient d'une analyse incomplète du phénomène. — Il faut seulement retenir le procédé de Mill : c'est objectivement, en observant les phénomènes économiques, qu'il est possible de parvenir à une conception exacte du monopole.

---

1. *Politique*, trad. Barthélemy-Saint-Hilaire т. i. p. 65.
2. *Le commerce et le gouvernement.* p. 161.
3. *Contradictions économiques*, p. 219.
4. *Recherches sur la nature et les causes de la richesse des nations.* т. i p. 81.
5. *Principes d'économie politique*, trad. Courcelle Seneuil, t. I. p. 451.

Or ce procédé appliqué aux temps modernes a conduit à une conception très large du monopole. On oppose bien encore le monopole à la concurrence ; mais, tandis qu'autrefois on qualifiait seulement monopole un état absolument exclusif de toute concurrence, on voit maintenant un monopole même dans le cas où la concurrence est simplement *limitée* ; peu importe d'ailleurs les causes de cette limitation pourvu qu'en fait, elle donne un privilège pécuniaire à certaines personnes. « Par monopole, écrit Foxwell, j'entends toute entreprise qui, pour n'importe quelle raison, se trouve *en fait* à l'abri de toute concurrence. [1] »

En un mot, le monopole est un phénomène économique, caractérisé par la raréfaction croissante des agents destinés à fournir certains produits ou certains services, raréfaction leur donnant des avantages incompatibles avec un régime de concurrence.

La concurrence opère par nivellement ; normalement, elle tend « à proportionner la rémunération du service à l'intensité de l'effort », elle apparaît comme un agent de justice économique ; le monopole, au contraire, procède par absorption, et aboutit normalement

---

1. *Du développement des monopoles dans leurs rapports avec les fonctions de l'état.* Rev. d'écon politique 1839, p. 459 et suiv.

à créer, dans le monde économique, l'inégalité et l'injustice.

Donc, nous entendons par monopole, non seulement l'absence absolue de concurrence, mais aussi la limitation de la concurrence ; c'est, selon l'expression exacte de M. Gide, la situation dans laquelle « la concurrence ne s'exerce pas, ou s'exerce mal [1]. »

On s'explique d'ailleurs facilement que la conception du monopole ait varié avec les époques ; car les phénomènes économiques ont sur les idées économiques une action directe : une conception stricte du monopole correspond à l'épanouissement d'un régime de concurrence ; ceux-là qui, au contraire, voient la concurrence se restreindre et se développer les monopoles, ont nécessairement une conception plus large du monopole.

*
* *

Or, précisément, l'examen du corps social nous révèle aujourd'hui une tendance très marquée de l'industrie et du commerce vers le monopole ; elle nous apprend que l'industrie du monde, loin de marcher vers une organisation de libre concurrence, s'en éloigne et s'oriente dans un sens opposé ; elle donne un

---

1. *Principes d'économie politique*, p. 74.

démenti éclatant à ces économistes du XVIII°
siècle qui avaient salué, dans la concurrence,
l'abolition définitive de tous les privilèges et
l'avènement d'une ère d'égalité dans les chances
et dans les profits qui devait préparer la voie à
une ère d'égalité politique.

Ce n'est pas ici le lieu d'étudier en détail
cette tendance au monopole dans le mouvement
économique actuel ; nous voulons seulement en
constater les symptômes et en indiquer les
causes, afin de voir ensuite si nous ne retrou-
verons pas la même tendance, les mêmes symptômes et les mêmes causes pour les monopoles
spéciaux qui font l'objet de cette étude.

La tendance moderne à l'expansion du monopole est certaine, et nombreux sont les symptômes qui la caractérisent [1] : ce sont notamment
les nombreux monopoles créés par l'État : tabac,
allumettes, dans certains pays l'alcool, etc. ; ce
sont aussi ceux résultant de la spécialisation
d'un individu dans la fourniture de tel produit
ou l'accomplissement de tel service; ce sont
encore les monopoles pour les transports par
voie ferrée, les monopoles résultant de l'accord
entre les producteurs pour la vente de leurs

---

1. V. sur ce point: Bodin, *De la tendance au monopole dans le
mouvement économique actuel.* Rev. d'Écon. polit. 1894, p. 26 et
suiv., et l'article de Foxwell précité. — *Contra,* M. Leroy-Beaulieu
affirme « la tendance à une moindre inégalité des conditions. »

produits ; enfin, le développement du système protectionniste est-il autre chose qu'une tendance à créer un monopole au profit de nationaux pour la vente de leurs produits sur le marché national ?

S'il est impossible de nier cette tendance, il est assez délicat d'en déterminer les causes. Certains en relèvent deux[1] : l'une d'ordre purement financier, certains monopoles étant créés dans le but unique de procurer de l'argent à celui qui en profite ; l'autre d'ordre politique, le développement des fonctions de l'État ayant pour cause directe la création de nouveaux monopoles. D'autres font simplement appel à une cause d'ordre économique, et formulent ce principe qui *a priori* semble paradoxal : le monopole est le résultat fatal de la concurrence. Enfin, des raisons d'ordre social, des motifs de sécurité ou d'hygiène, ont été mis en avant pour expliquer l'existence des monopoles.

La vérité est, croyons-nous, que cette tendance a une cause financière. Certes, tel monopole peut bien avoir des conséquences politiques, tel autre des conséquences économiques et so-

---

1. Cf. Bodin, *op. cit.*

2. « La fonction industrielle de la concurrence, écrit Foxwell (*op. cit* , p. 458), c'est la sélection. C'est une guerre industrielle menée d'une façon plus ou moins honorable, conduisant à une suprématie plus ou moins déguisée, à savoir le monopole commercial pour la maison victorieuse, etc.

ciales ; mais, dans tous les cas, le monopole a pour but un résultat financier. C'est là la véritable raison d'être de tout monopole et le développement des fonctions de l'État, la concurrence, l'ordre social, la sécurité ou l'hygiène publiques ne sont que des moyens ou des prétextes pour parvenir à ce résultat.

Comment soutenir, par exemple, que la cause de certains monopoles est dans la supériorité d'un individu à fabriquer certaines choses ou à fournir certains services, alors que c'est, au contraire, cette supériorité qui est le résultat d'une spécialisation, d'une division du travail déterminée par des raisons d'ordre financier : l'espoir pour celui qui se spécialise de réaliser de gros bénéfices[1]. Il y a déjà plus d'un siècle, Adam Smith avait remarqué que la division du travail se mesure à l'étendue du marché : on peut ajouter que l'étendue du marché, c'est-à-dire la multiplication des débouchés, c'est-à-dire aussi l'accroissement des chances de gain pour le producteur, est la cause de toute spécialisation et, partant, de tout monopole, suite nécessaire de cette spécialisation.

C'est donc une raison financière qui déter-

---

1. Nous estimons en effet que la division du travail n'a pas lieu *automatiquement* ainsi que le soutient M. Durkheim (*De la division du travail social*); l'idée de la division du travail a précédé cette division et forcé l'homme à la faire.

mine les hommes à se spécialiser, à créer à
leur profit un monopole ; cette spécialisation
n'est que le moyen d'obtenir un résultat financier.

On présente quelquefois la question sous un
autre aspect : les monopoles sont le résultat fatal
de la concurrence ; de sorte que cette évolution
des formes économiques à laquelle nous assistons de nos jours procède d'un facteur purement
économique.

Il faut s'entendre : la concurrence peut en-
gendrer, par voie de sélection et d'élimination,
le monopole ; disons même, avec Foxwell,
que « plus la concurrence est parfaite, plus fort
sera le monopole qui en résultera » ; mais ce
développement progressif des monopoles, sous
un régime de liberté économique, n'est pas la
résultante naturelle de la concurrence ; il dérive
avant tout d'une raison financière. La concurrence, en effet, parce qu'elle a pour conséquence
un nivellement économique, abaisse nécessairement les bénéfices des producteurs ; alors, pour
mettre un terme à une situation mauvaise pour
eux, ou tout au moins ne répondant pas à leur
désir de lucre, ceux-ci, ou bien vont se spécialiser, ou encore s'entendre et s'associer afin de
limiter à leur guise la production et de tarifer
les prix de vente. Ainsi sont nés les *trusts* aux
États-Unis, les *Cartelle* en Allemagne : ils ont

pour cause et pour fin un intérêt pécuniaire [1].

Nous avions donc raison de dire : tout mo-monopole a une cause financière, et c'est à des raisons d'ordre financier qu'il faut attribuer le développementconsidérable des monopoles dans le mouvement économique actuel.

Et cette extension elle-même, explique le sens large que l'on donne aujourd'hui au mot « monopole » ; car, si les nombreuses limitations de la concurrence n'ont pas le caractère

1. Les *trusts* représentent aujourd'hui aux États-Unis le dernier terme du mouvement de la concentration économique, leur but étant de mettre un terme à la concurrence, et d'établir un monopole de fait par l'association de producteurs. Il ne faut pas confondre avec eux les *corners*, qui sont des manœuvres de bourse exécutées par les financiers pour l'accaparement des produits, ni les *pools*, qui sont des conventions par lesquelles des industriels conviennent de verser une certaine partie de leurs bénéfices dans une caisse commune (*pool*), pour les partager ensuite entre eux. En Europe, il y a bien les *Cartelle* en Allemagne, l'*Eisencartel* en Autriche-Hongrie, les « ententes entre producteurs » en France ; mais on n'est pas parvenu à la forme fédérative du *trust*. (Comp *Les monopoles industriels aux États-Unis*, Rev. des Deux-Mondes, 1897, t. 139, p. 634 et suiv. — *Quarterly review*, 1871, p. 463. — S. Jeans. *Trusts pools and corners ;* Baker, *Monopolies and the people*, New-York, 1890. — Supino, *La Concorrenza e le sue più recenti manifestazioni, dans l'Archivio giuridico.* t. 51, p. 307 et suiv. Jenks. *Die Trusts in den Ver. Staaten von America* — Klein-wachter, *Die Cartelle.* — J. Aschnott. *Die Americanischen Trusts als Veiterbildung der Unternehmer.* — Henry Dema-rest. Lloyd, *Wealth against Commonwealth* 1894. — Henry Babled, *Les syndicats de producteurs et détenteurs de marchandises au double point de vue économique et pénal* 1893. — Brouilhet, *Essai sur les ententes commerciales et industrielles* 1895. — Leroy-Beaulieu, *Traité* 1896, t. iv, p. 35 et suiv. Claudio Jannet, articles dans le *Correspondant* et dans *Ueber wirtschaftliche Cartelle.* — Percerou, *Des syndicats de producteurs,* ann. de Dr. commercial, 1807, p. 271 et suiv.

absolu du monopole, si elles n'aboutissent pas
toutes à ce qu'une seule personne ait le droit
de fabriquer ou de vendre, elles ont bien cependant le résultat final du monopole au sens strict
du mot : un privilège pécuniaire.

On a d'ailleurs proposé, pour faire une distinction parmi les nombreux monopoles,
plusieurs classifications ; l'une des plus répan-
dues et des plus exactes [1] consiste à les
distinguer en monopoles de droit et monopoles
de fait.

Monopoles de droit : ce sont tous ceux qui,
créés par la loi, *suppriment* la concurrence pour
des industries dans lesquelles cette concurrence
serait normalement possible : ils sont de pures

1. C'est notamment la classification de Condorcet, « *Monopole et
monopoleur* ». Mélanges d'économie politique. T. I. p. 459 et suiv.
— On distingue aussi très souvent les monopoles en naturels et
artificiels. (*La concurrence et le monopole*, par LE HARDY DE
BEAULIEU J. des Éc. 2ᵉ série T. 36, p. 325. — J. S. MILL, *Principes
d'économie politique*, trad. Courcelle-Seneuil, 4ᵉ édition T. I. p. 451. —
ROSSI — *Cours d'économie politique*. 4ᵒ édition p. 102. — BODIN
article précité de la Rev. d'Éc. pol. — FAUVEAU, *Des monopoles
naturels* J. des Écon. 4ᵒ série (t. I. p. 67), distingue 5 classes
de monopoles naturels ; ou bien, en se plaçant au point de vue
de l'étendue du marché on distingue les monopoles communaux, nationaux et mondiaux, (SUPINO, *cit. supra*) — Foxwell
(*loc cit supra*) distingue 4 espèces de monopole : 1ᵒ ceux qui
tiennent à une supériorité intellectuelle, commerciale ou industrielle ;
2ᵒ les monopoles formés par les syndicats de producteurs ; 3ᵒ les
monopoles formés par fusion d'entreprises concurrentes ; 4ᵒ monopoles formés par une association de producteurs dans un but de
spéculation. — V. pour les autres classifications, l'article de M.
Fernand FAURE dans le Dict. d'Écon. politique de Say, Vᵒ *Monopole*.

créations du droit positif ; tels sont le monopole des tabacs, des cartes à jouer, etc.

Monopoles de fait : ce sont tous ceux qui, en l'absence d'un texte positif, *limitent* la concurrence sans cependant la supprimer tout à fait ; il n'y a qu'un obstacle de fait à la concurrence ; mais, légalement, elle est possible. — Par exemple, le monopole des grands magasins, et, dans un autre ordre d'idées, le service des colis postaux [1].

***

Si de l'État nous passons à la commune, nous voyons que là aussi, dans cette sphère plus restreinte d'activité économique, il y a une tendance au développement des monopoles.

En voici les symptômes principaux : c'est d'abord un développement toujours plus grand des services publics, à mesure que les besoins des habitants deviennent plus nombreux et la concession par les communes de monopoles de fait pour l'exploitation de ces services ; c'est aussi la formation, *contrairement à la volonté des communes,* de monopoles de fait pour ces

---

1. Ce service ne constitue pas un monopole de droit, puisqu'aucun texte n'interdit pas aux particuliers le transport des colis postaux et qu'en fait, il y a l'industrie du groupage. (Cf. Hauriou, Sirey, 1893, 3, 19.)

mêmes services. Aux États-Unis, en effet (le phénomène que nous signalons ne s'est pas produit ailleurs), à côté des *trusts* de l'industrie privée, il y a des *trusts* nationaux, tel celui du télégraphe, et des *trusts* municipaux, notamment pour le service public de l'éclairage au gaz[2]. Enfin, de même qu'il existe un protec—tionnisme dans le but de créer un monopole au

1. V. Hauriou, note dans Sirey, 1893, 3, 19.
2. La création de ces *trusts* municipaux provient de ce qu'on a voulu traiter les affaires publiques comme les affaires privées. Au lieu de donner à des compagnies un monopole de fait pour l'exploitation des services publics, les pouvoirs publics américains ont, au contraire, cherché à mettre plusieurs compagnies en concurrence les unes avec les autres, afin d'assurer le bon marché des produits et des services. Mais, au bout de peu de temps, les compagnies s'entendaient pour modifier leurs tarifs et le monopole qu'on avait voulu éviter se formait. Une ligne de chemins de fer absorbait sa rivale ou la rachetait quand elle tombait en faillite ; les compagnies pour l'éclairage ou les transports urbains fusionnèrent. Le service des chemins de fer n'a cependant pas affecté la forme d'un *trust* proprement dit; l'étendue du territoire américain s'oppose en effet à la constitution d'un *trust* unique pour la direction de tous les chemins de fer. Au contraire, les compagnies pour l'éclairage et les tramways ont formé de véritables *trusts* municipaux. Ils existent surtout pour le service de l'éclairage au gaz, car beaucoup de villes exploitent elles-mêmes en régie le service de distribution d'eau ou d'éclairage électrique.— La situation résultant de la formation de ces *trusts* est d'autant plus grave que le public est désarmé contre eux. « Le monopole, dit M. P. de Rousiers, se reformait contre lui et sans compensation, mieux aurait valu l'accepter au début comme un fait normal et le céder à sa valeur en stipulant des garanties contre ses abus, mais il était trop tard, les compagnies souvent pourvues de chartes perpétuelles se renfermaient dans leurs droits. » Il y a bien les lois contre les *trusts*, mais de même que dans l'industrie privée, les compagnies concessionnaires de l'exploitation de grands services municipaux de gaz les ont facilement tournées. Un des plus célèbres parmi les *trusts* municipaux est le *Chicago gas trust* ; anéanti plusieurs fois, il s'est toujours reformé ; c'est qu'en effet il est encore

profit des nationaux pour l'alimentation du marché national, on constate de nos jours un mouvement en faveur d'un protectionnisme communal destiné à donner un privilège aux habitants d'une commune sur le marché communal. Cette tendance au développement des monopoles communaux est d'ailleurs nettement accusée par les économistes : « Il s'opère une certaine poussée en faveur de l'extension des monopoles de l'État et des communes, écrit M. P. Leroy-Beaulieu ; elle nous paraît dangereuse et au point de vue économique, et au point de vue politique, et au point de vue moral : ce serait une cause d'affaiblissement de l'esprit

plus facile ici de tourner la loi contre les *Trusts* que dans l'industrie privée. Dans celle-ci, en effet, le *trust* est presque toujours menacé par la possibilité de la concurrence extérieure. Ici, au contraire, cette concurrence est beaucoup plus difficile. Enfin, on dit aussi en détournant le mot *trust* de son sens technique, qu'il y a *trusts*, lorsque les municipalités américaines s'entendent avec les entreprises de services municipaux ; ce genre de *trust* est très fréquent, les municipalités américaines étant facilement corruptibles. (V. pour plus de détails, *Les Trusts dans les services municipaux*, par M. Paul de Rousiers. Rev, politique et parlem. 1898, T. XVIII., p. 83 et suiv. — Il est intéressant de remarquer que ces *trusts*, constitués *malgré la volonté* des villes, aboutissent à un résultat identique aux monopoles concédés en France *par la volonté* des communes. Dans les deux cas, les villes se trouvent désarmées contre les entreprises d'éclairage au gaz ; aux États-Unis, à cause des chartes fort longues données aux compagnies, en France, à cause de concessions de longue durée que vient encore aggraver la jurisprudence du Conseil d'État. Pour les deux sortes de monopoles communaux, un même remède s'offre également aux communes : la régie directe.

d'entreprise, des libertés publiques et de l'indépendance individuelle [1] ».

Nous reviendrons, dans le cours de cette étude sur les conséquences économiques, politiques et sociales, du développement des monopoles communaux, et nous aurons à apprécier ce reproche qu'on leur fait d'être un oreiller qui invite l'industrie au sommeil, et arrête tout perfectionnement. Pour l'instant, nous constatons seulement que parallèlement à la tendance du développement des monopoles en général, il existe une tendance, en France et dans beaucoup de pays étrangers, au développement des monopoles communaux ; et nous relevons ici la distinction déjà signalée : des monopoles communaux de droit, des monopoles communaux de fait.

Les monopoles communaux de droit, c'est-à-dire ceux reconnus et autorisés formellement par la loi, sont les monopoles du poids et de la mesure publics, de plaçage dans les halles et marchés, des abattoirs [2].

1. *Traité d'Économie politique*, t. I, p. 629.
2. Conf. CAMMEO (*op. cit*). T. 56, p. 362. — Dans certains pays il y a un autre monopole communal de droit : celui des pompes funèbres. Il en est ainsi notamment en Belgique. (LEEMANS, *op cit*. p. 264). — Les communes peuvent établir un service exclusif de transports funéraires, interdisant ces entreprises à quiconque n'est pas l'agent de l'autorité communale. Le motif principal de ce monopole communal a été la nécessité d'assurer la liberté des cultes au regard des fabriques qui, auparavant jouissaient de ce monopole et

Le monopole du pesage, mesurage et jaugeage publics, est reconnu à la commune par
l'art. 97 5° de loi de 1884 qui donne aux maires « l'inspection sur la fidélité du débit des den-
rées qui se vendent au poids ou à la mesure ».
En vertu de cet article, ils ont le droit de créer
des bureaux de poids et mesures publics [1].

Ces bureaux sont établis dans l'intérêt du
commerce, pour donner aux vendeurs et acheteurs des garanties d'exactitude de pesage et
de mesurage. Mais il faut bien remarquer qu'il
n'y a monopole de pesage et de mesurage qu'au
cas de contestation. Le monopole n'est donc pas
absolu : il consiste seulement dans un monopole
d'exercice : 1° dans les halles et marchés ;
2° lorsqu'une contestation contentieuse s'élève
entre acheteurs et vendeurs. — Il donne lieu
à la perception d'un droit, dont le montant est
établi sur la proposition du conseil municipal
par arrêté préfectoral.

en avaient abusé. En Italie, c'est seulement un monopole de fait.
(CAMMEO T. 56, p. 97). — En France, le monopole des pompes funèbres, n'est pas un monopole communal, car il appartient aux
fabriques. (Décret du 23 prairial an XII). Toutefois, si les fabriques
n'usent pas de leur droit, le monopole passe à la commune, (loi
du 5 avril 1831, art. 97, 4), et dans les communes populeuses, la
commune participe au monopole. En 1831, on a voulu laïciser le
monopole des pompes funèbres : la réforme a échoué. Depuis, un
nouveau projet a été déposé dans ce sens au Parlement.

1. Ce monopole existe également en Belgique. (Leemans, *Des
impositions communales en Belgique*), en Italie. v. CAMMEO, *I Monopoli communali, Archivio Giuridico*, t. LVI, p. 86.

Ce monopole d'ailleurs n'est pas nouveau : avant la Révolution, le roi ou quelquefois les seigneurs avaient le monopole de peser et mesurer les marchandises au delà d'un certain poids. Le décret du 15 mars 1790 abolit ce monopole. Puis, un décret du 27 brumaire an VII, et un arrêté des consuls du 7 brumaire an IX, déclara qu'il pourrait être établi dans les villes des bureaux de pesage, mesurage et jaugeage, dont les commerçants devraient se servir en cas de contestation.

Les anciens seigneurs avaient également, avant 1789, le monopole des droits de « hallage ». Les communes leur furent substituées par la loi 15-28 mars 1790; et, depuis la loi du 11 frimaire an VII, les communes ont, à l'exclusion des particuliers, le monopole de construire des marchés et d'y percevoir des taxes, à titre de location de place. La loi du 5 avril 1884 range le produit de ces taxes dans le budget ordinaire des communes [1].

Quant au monopole des abattoirs communaux, il remonte à un décret du 24 février 1811. Il y a monopole en ce sens que la mise en ac-

---

1. V. en Belgique, pour le monopole des droits « d'étalage et de place », LEEMANS, *op. cit.* p. 285. — La loi communale italienne (art. 147) crée le monopole « de louer des bancs publics à l'occasion des foires et marchés ». (CAMMEO *loc, cit.* T. 55, p. 87 et suiv.) — Il existe aussi en Angleterre. V. de FRANQUEVILLE, *Le gouvernement et le Parlement britannique* (p. 129).

tivité de tout abattoir public légalement établi,
entraîne de plein droit la suppression des tueries
particulières situées dans la localité. Comme les
deux précédents, il donne lieu, au profit de la
commune, à la perception d'une taxe, tant pour
l'abatage des animaux dans l'abattoir que
pour la place qu'ils y occupent.

An contraire, les monopoles de distribution
d'eau, d'éclairage, de force motrice, de transports en commun, qui font l'objet de cette étude,
sont appelés des monopoles de fait. Voici, en
effet, en quoi consistent ces monopoles, et dans
quel sens on peut dire que les entreprises dont
il s'agit constituent des monopoles.

Puisque tout monopole de vente ou de fourniture ne peut, ainsi que nous l'avons dit, être
créé que par une loi, il est certain que la commune ne peut pas, en ce qui concerne l'éclairage
au gaz ou à l'électricité, créer un monopole de
fabrication ou de vente pour le gaz ou l'électricité. Pour que ces agents d'éclairage fussent
monopolisés, au sens strict du mot, comme sont
monopolisés le tabac, les cartes à jouer et, dans
certains pays, l'alcool, il faudrait une loi. La
commune peut seulement créer le privilège exclusif, le monopole *de distribuer le gaz ou l'électricité dans la commune par canalisation dans la
voie publique.*

Donc, tout le monde peut fabriquer chez soi

du gaz, produire l'électricité et en fournir aux particuliers en transportant chez eux des accumulateurs; mais la commune seule ou son concessionnaire a le droit de se servir de la voie publique pour distribuer l'éclairage.

De même, une commune ne peut pas créer le privilège de la vente de l'eau : un tel monopole serait, comme celui de la vente du gaz, incompatible avec la liberté du commerce [1]; elle ne peut que créer le privilège exclusif de distribuer l'eau par des canalisations placées dans le sous-sol des voies communales. Il en résulte que toute personne a le droit, malgré l'établissement de ce monopole, d'aller puiser de l'eau où il lui plaît, de remplir avec cette eau des récipients, et de la transporter chez elle ou chez autrui. D'ailleurs, dans la plupart des traités par lesquels les communes abandonnent à des particuliers des entreprises de distribution d'eau, il est stipulé que « les habitants conservent le droit de se procurer l'eau individuellement comme bon leur semble ».

Ce droit des particuliers de se procurer de l'eau comme bon leur semble ou de se fournir

---

1. Cf.: C. d'État, 7 nov. 1832, *Compagnie générale des eaux* (S. 81. 3. 53); — Cass., 25 juillet 1832, *Compagnie des eaux de Maisons-sur-Seine* (S 83 1. 76), et 8 août 1833, *Compagnie d'éclairage de Tours* (S. 1831. 1. 267, et le rapp. de M. le conseiller Feraud-Giraud).

eux-mêmes de gaz et d'électricité serait parfois illusoire, s'il n'entraînait avec lui le droit de canaliser. Il arrive en effet fréquemment que les bâtiments d'une usine sont séparés par une route ; le propriétaire de l'usine qui a le droit d'éclairer ses bâtiments sans recourir à la commune ou à son concessionnaire, doit pouvoir relier les deux parties de l'usine par une canalisation sous la voie publique ; ou bien encore, si un industriel est à proximité d'une rivière, ne peut-il pas relier par une canalisation sa propriété à la rivière et y puiser directement? La question a été cependant discutée [1], et c'est seulement depuis une circulaire ministérielle du 15 août 1893 que ce droit a été reconnu aux particuliers, à la seule condition d'obtenir une permission de voirie [2].

Enfin, les communes ne peuvent également ment concéder à des entrepreneurs de transports par omnibus ou par tramways qu'un monopole de fait [3].

En un mot, une commune ne peut pas obliger un habitant à s'approvisionner exclusivement chez elle ou son concessionnaire pour

---

1. V. COPPER-ROYER, *Des Sociétés de distribution d'eau*, p. 33 et suiv.

2. V. la circulaire dans Rev. gén. d'adm., 1893, 3, 306.

3. Cf. DONNAT, Éc. fr., 1889, 1, 365. — C. d'État, Rev. gén. d'adm., 1839, 1, 63. — Cass. 24 février 1853 (D. 53, 1, 256 et le rapport).

l'eau ou la lumière, ou à s'adresser à elle pour les transports. Pour qu'il en fût ainsi, il faudrait une loi. Elle ne peut pas créer des monopoles de droit pour l'eau, l'éclairage ou les transports, mais seulement des monopoles de fait.

On peut cependant faire remarquer que, s'il n'y a pas monopole de droit, il y a une limitation considérable apportée à la libre concurrence. Bien plus, on peut dire qu'il y a un véritable « monopole de circulation ». La canalisation souterraine, aussi bien que les rails d'un tramway, constitue un nouveau genre de circulation. Or, la destination de la voie publique est d'être affectée à la circulation et à toutes les formes de circulation, aussi bien à la circulation des piétons qu'à la circulation souterraine pour la distribution collective de la lumière, de l'eau ou de la force motrice. Dès lors, tout privilège de canalisation, c'est-à-dire de « circulation souterraine », est une atteinte grave portée à la libre circulation sur la voie publique.

« Il y a, dans ce monopole de fait, dit M. Hauriou [1], une sorte de résurrection des banalités. Le seigneur féodal n'avait point le monopole de la vente de pain; mais il avait un four, le four

1. *Dangers des monopoles de fait*, etc. — Rev. du droit public et de science politique, T. I, p. 84.

banal, et tous ceux qui voulaient faire du pain étaient obligés de le faire cuire à ce four en payant redevance. » Le concessionnaire de *lumière* n'a pas, lui non plus, le monopole de la vente de la lumière; le concessionnaire de distribution d'eau n'a pas le monopole de la vente de l'eau, mais il tient la rue par laquelle seule peut se faire la distribution. « La rue est devenue *banale*, dans le vieux sens du mot, dans le sens du four banal, du moulin banal, c'est-à-dire abusive et oppressive. »

Cependant, la jurisprudence reconnaît formellement le droit pour la commune de créer ces monopoles de fait [1]. Quelles en peuvent être les raisons, et comment justifier ce pouvoir exorbitant reconnu aux communes, c'est ce que nous allons maintenant démontrer.

[1]. V. notamment: C. d'État, 20 mai 1831 (*Crest*, Rec. p. 522); — Cass., 8 août 1833 (S. 1884. 1. 267); — Cass., 12 juin, *Maubeuge* (S. 93, 3. 64, et les renvois).— Les arrêts ont tous adopté la formule suivante: « Considérant que, si les communes ne peuvent constituer au profit d'un tiers le monopole de l'éclairage privé, il leur appartient, pour assurer sur leur territoire le service de l'éclairage, tant public que privé, d'interdire, d'autoriser ou de favoriser, sur le domaine municipal, tout établissement pouvant faire concurrence à leur concessionnaire. » Le même principe est appliqué aux concessions de distribution d'eau. (V. notamment: C. d'État, 17 nov. 1882, et le rapp. de M. Marguerie. Rec. 1832, p. 833 et suiv.), et aux services publics de transports en commun (24 fév. 1853, D. 58. 1. 256, et le rapport de M. le conseiller Férey).

CHAPITRE II

On dit parfois que c'est dans sa qualité « de
dépositaire de la puissance publique » que la
commune puise son droit d'ériger en monopole
de fait de grands services publics. C'est là une
justification un peu brève, et il faut montrer
comment et pourquoi la commune a pu être
considérée comme une puissance publique.

La puissance publique se traduit pratiquement par une contrainte sur les citoyens; mais
cette contrainte ne trouve sa justification que
dans une nécessité pratique. « Le principe de la
contrainte de l'État, dit M. Hauriou, réside dans
la nécessité où tout gouvernement est d'agir et
de vivre[1]. » En reconnaissant l'existence de
la commune, il fallait, comme à l'État, lui
donner la puissance publique pour lui permettre
de vivre, pour lui faciliter l'accomplissement
de cette fonction que lui assignait déjà l'Assemblée constituante : « Faire jouir les habitants
des avantages d'une bonne police, notamment
de la propreté, de la salubrité, de la sécurité et

1. Hauriou, *Précis.* p. 28.

de la tranquillité dans les rues, lieux et édifices publics. »

La commune, en effet, grâce à la « proximité physique » qui, selon Taine, en est la caractéristique propre, est plus apte que l'État à intervenir directement dans la vie économique de la société; et, s'il est exagéré de prétendre, comme Bautain, qu'elle « est la base de l'organisation sociale », il faut du moins reconnaître qu'ayant la connaissance immédiate et directe des besoins publics, elle doit avoir les moyens d'y satisfaire.

Cette aptitude naturelle des communes explique en grande partie qu'un fragment toujours plus large de l'activité publique leur ait été réservé ; elle fait comprendre comment la commune, non distincte de l'État à l'origine, devenue ensuite une association agricole, puis industrielle, a pu avoir enfin une fonction politique et économique différente de celle de l'État; elle justifie son intervention dans les industries qui intéressent la généralité des habitants, touchent au sol public ; en un mot, elle montre qu'il est conforme à l'utilité publique de lui donner une parcelle de la puissance publique [1].

---

1. On a donc eu tort de comparer les communes aux points d'ossification de l'organisme social, puisque les communes, grâce à leurs droits de puissance publique, servent de centres directeurs et moteurs au reste de l'organisme social, « tandis que les os semblent la partie de l'organisme individuel la plus difficile à mettre en mouvement. » Cf. René Worms.— *Organisme et société*, p. 163.

On serait donc mal venu à contester aujour-
d'hui aux communes leurs droits de puissance
publique. — C'est là un point de droit administratif qui ne peut pas être sérieusement
critiqué : d'abord, parce que « la décentralisation ayant enlevé à l'État de la puissance
publique, il faut bien que la partie retranchée se
retrouve quelque part », ensuite parce que la
jurisprudence est venue appuyer cette thèse de
décisions multiples.

Cependant cette notion de la commune dépositaire de droits de puissance publique ne
s'est fixée nettement qu'après une assez longue
évolution.

A la fin du XVIIIe siècle, on considérait généralement la commune comme étant simplement une personne privée, ressemblant
beaucoup à la famille, peu à l'État, ayant comme
l'État des droits de police, mais des droits de
police domestiques, des droits de souveraineté
privée, non des droits de puissance publique [1].

Cette conception de la commune fut celle de
l'Assemblée constituante : « Gardons-nous,
disait Thouret, de confondre le pouvoir municipal, qui a sa nature propre et son objet à part,
avec les pouvoirs nationaux. La municipalité

---

1. Conf. Michoud, *De la responsabilité des communes à raison des
fautes de leurs agents.* Rev. de droit public et de science politique,
T. VII, p. 41 et suiv.

est, par rapport à l'État, précisément ce que la famille est par rapport à la municipalité dont elle fait partie ; chacune pourvoit à tous ses besoins, sans que la puissance publique puisse venir croiser cette autorité domestique, tant que celle-ci ne fait rien qui intéresse l'ordre général [1]. »

Ce fut aussi la conception d'Henrion de Pansey [2] : « Au-dessous des pouvoirs législatif, exécutif et judiciaire, il en est un quatrième qui est à la fois public et privé, réunit l'autorité du magistrat à celle du père de famille : c'est le pouvoir municipal. »

Et c'est encore la même idée qui inspire Taine, lorsqu'il écrit que la commune est un « syndicat privé » dont le succès ou l'insuccès « n'intéresse pas la nation, sinon indirectement et par un contre-coup lointain, analogue à cette faible atteinte par laquelle la santé ou la maladie d'un Français profite ou nuit à l'ensemble de tous les Français. A leur endroit, à l'endroit de toutes les personnes collectives, l'État est ce qu'il est à l'endroit d'un particulier ordinaire, ni plus ni moins [3]. »

---

1. Séance du 9 nov. 1789, Archiv. parl., T. IX, p. 726. — Target dit dans le même sens : « Les municipalités sont une chose à part de l'administration générale du royaume ; elles n'en sont même pas une portion subordonnée. » (Archiv. parl., T. IX, p. 747.)

2. *Traité du pouvoir municipal*, p. 189 et suiv.

3. TAINE, *Régime moderne*, T. I, p. 359 et suiv.

Conception étroite qui fait à la commune une situation administrative jurant avec sa situation et ses aptitudes économiques; conception fausse, puisqu'elle aboutit à cette conclusion que, comme la famille, la commune est pour l'État une entité intangible, alors qu'au contraire l'État peut faire de la commune ce qu'il veut, la créer ou l'anéantir ou la transformer.

Cette conception semble abandonnée aujourd'hui dans tous les pays [1]. Certes, on peut dire que la commune est plus que la famille et moins que l'État. Mais, comme l'État, elle a, à côté de ses droits patrimoniaux, des droits de puissance publique de même nature que ceux de l'État.

Ces droits sont de même nature que ceux de l'État, par la raison que la commune les tient de lui, qu'elle est la dépositaire de certains de ces droits que, dans un intérêt public, lui a confié l'État.

Et voilà pourquoi il y a identité entre l'Etat et la commune quant à l'exercice de la puissance publique, — pourquoi la commune, aujourd'hui, est un rouage de l'administration de l'État, et

1 Michoud. *op. cit.*, p. 54.— Loi 5 avril 1884, art 3 à 6.—V. pour l'Italie: Cammeo, *op. cit.*, t. 54, p. 313; Ranelletti, *Teoria generale delle autorizzazioni e concessioni amministrative*, p. 33 ; — pour la Belgique: Giron. *Dict. de dr. adm. et public*, 1895, v° *Division territoriale*, n, 3; — pour l'Allemagne: Otto Mayer, *Deutsches Verwaltungsrecht*, t. ii, p. 448 et suiv.

n'est plus, comme à l'époque médiévale, une personne souveraine, une petite république ayant ses lois, ses magistrats, ses milices et ses privilèges.

Cette notion moderne de la commune, ébauchée déjà par Turgot[1] et Mirabeau[2], apparut dans la loi du 28 pluviôse an VIII.

Elle est devenue aujourd'hui une notion courante. « La nature est une au fond, écrit M. Leroy-Beaulieu[3], pour les municipalités, les autorités provinciales et l'État, et ne diffère de l'un aux autres que par des caractères secondaires. Il est de l'opposition entre ces trois formes d'un même être comme de celles entre la femme et l'homme ou l'enfant et l'homme ; on aura toujours beau distinguer certaines particularités d'âge ou de sexe entre les différents êtres humains, ils n'en appartiennent pas moins au même type. »

Comme l'État, elle a pour attributions principales de conserver et d'améliorer les conditions générales de bien-être et d'existence des individus qui la composent: on pourrait dire d'elle ce que Dupont-White disait de l'État: « Son développement est parallèle au perfectionnement de la société[4]. »

---

1. TURGOT, *Œuvres* édit Daire, T. II, p. 502.
2. *Archiv. parl.*, T. IX, p. 753.
3. LEROY-BEAULIEU, *Traité*, T. IV, p. 667.
4. Il faut donc dire qu'il y a identité entre la commune et l'État au point de vue du fond et de la compétence. Cf. MICHOUD, *op. cit.*,

Mais il faut remarquer que ces attributions sont seulement des attributions naturelles, dont l'État aurait le droit de s'emparer, parce que la commune n'est pas une administration souveraine, mais un rouage de sa propre administration[1] .

Parmi ces attributions de la commune, figurent précisément les grands services publics dont nous nous occupons ici. Il est dans la nature des choses que ces services lui soient confiés ; dans ce but, elle a des droits de puissance publique. Et voilà comment, au point de vue du droit administratif, est justifié le pouvoir de la commune de créer des monopoles de fait.

Comme puissance publique, la commune a en effet sur les voies publiques un droit de police : elle a le droit d'accorder ou de refuser la permission d'établir des canalisations souterraines ou des rails, ou de stationner sur la voie publique pour prendre ou déposer des voyageurs. De ce droit, à celui de s'interdire par un traité d'autoriser des canalisations ou des entreprises concurrentes, il n'y avait qu'un pas à faire. La jurisprudence l'a fait. La commune,

p. 54; —LAFERRIÈRE, *Tr. de la jur. adm.*, 2ᵉ édit., T I, p. 686;— GIORGI, *La dottrina delle persone Giuridiche*, IV, p. 403;— LŒNING, *Die Haftung des Staats*, p. 95. *Contra*, BLOCK, *Dict. de l'adm.*, vᵒ *Responsabilité*, nᵒ 10;— DUCROCQ, nᵘ 1481 et suiv.

1. MICHOUD, *op. cit.*, p. 54. — JELLINEK, *System der subjectiven offentlichen Rechte*, p. 262 et suiv.

si elle exerce elle-même ces industries, puise
certainement dans ses pouvoirs de police le
droit de n'en pas autoriser d'autres; il est logique qu'un concessionnaire ne se trouve pas
dans une situation plus défavorable que la commune. Ces monopoles de fait n'ont donc rien de
contraire au droit, qu'ils soient exercés par la
commune (ce qui, nous le verrons plus tard,
soulève controverse) ou par un concessionnaire.

Mais il faut bien remarquer que ces services publics d'éclairage, de distribution d'eau
ou de force motrice, de transports, ne sont pas
des monopoles de fait, parce qu'ils sont des
services publics. Un service public n'entraîne
pas nécessairement et par lui-même un monopole [1].

Les services postaux en donnent la preuve.
En effet, si le transport des lettres ordinaires,
celui des lettres chargées et recommandées, le
service télégraphique et téléphonique pour
l'échange des correspondances sont monopolisés, les services des valeurs déclarées, des
recouvrements par la poste des effets de commerce et des abonnements aux journaux, de la
caisse d'épargne postale et des colis postaux ne
le sont pas.

---

1. Cf. HAURIOU, note dans Sirey, 1894, 3, 2.

Pourquoi donc les services publics communaux sont-ils des monopoles de fait? Nous avons justifié le droit des communes de faire de ces services des monopoles; nous avons vu, en un mot, pourquoi elles peuvent créer ces monopoles, il faut maintenant dire pourquoi elles les créent.

C'est parce que, dit-on, ces monopoles sont des « monopoles nécessaires ». Il faut vérifier cette affirmation, et nous demander d'abord pourquoi ces monopoles communaux sont nécessaires, et dans quelle mesure ils le sont.

*
* *

La réponse à la question ainsi posée est facile pour qui adopte la théorie de Proudhon sur le monopole. On sait, en effet, que Proudhon a soutenu, dans ses *Contradictions économiques*[1], la nécessité économique du monopole. « Le monopole, dit-il, est nécessaire puisqu'il est l'antagonisme de la concurrence. Il est essentiel à la société, puisque, sans lui, elle ne fût jamais sortie des forêts primitives; et que, sans lui, elle rétrograderait rapidement. Il est l'expression de la liberté victorieuse, le prix de la lutte, la glorification du génie; c'est le stimulant

_____

1. Page 235.

le plus fort de tous les progrès accomplis depuis l'origine du monde. »

Cette théorie du « monopole nécessaire » ne peut être admise en principe [1]. D'une part, le résultat économique du monopole est, dans la grande majorité des cas, d'augmenter le coût de production et d'amoindrir la qualité des produits ou la perfection des services ; et d'autre part, nous avons démontré que la formation des monopoles industriels était due moins à la fonction économique de la concurrence qu'au désir de certains producteurs d'obtenir de gros bénéfices. La nécessité du monopole n'existe donc que pour le monopoleur.

La concurrence, au contraire, parce qu'elle régularise la production et la distribution des richesses, apparaît en principe comme un moteur économique nécessaire.

Il faut toutefois reconnaître qu'il n'y a rien d'absolu dans cette conception de la concurrence et du monopole ; les monopoles communaux viennent en effet intervertir les rôles, les services auxquels ils s'appliquent semblant être rebelles à la concurrence et favorables au monopole.

Pour justifier cette nécessité des monopoles de fait communaux, on invoque parfois ce fait

2. V. LEROY BEAULIEU, *Traité*, T. I, p. 637 et suiv.

que les entreprises dont il s'agit exigent de grands capitaux pour répondre aux frais de premier établissement. C'est là une raison tout à fait insuffisante : il y a beaucoup d'autres industries qui nécessitent de grandes dépenses d'installation, et qui néanmoins ne sont pas monopolisées.

En réalité, le régime du monopole appliqué aux services communaux d'usage collectif est imposé : 1° par l'impossibilité *économique* de la concurrence, 2° par une impossibilité *matérielle*.

Impossibilité économique ; car la concurrence, qui, selon le mot de Bastiat, est « la loi démocratique par essence[1] », serait ici économiquement dangereuse. Elle serait nuisible aux capitalistes et aux consommateurs. Aux capitalistes, parce que les capitaux, employés dans des entreprises trop nombreuses en proportion des services à rendre, donneraient un revenu insuffisant. En effet, pour que la concurrence fût efficace à ce point de vue, il faudrait pour le même service deux ou plusieurs entreprises ayant reçu chacune la même quantité de capitaux, afin d'être aptes à faire le même service, au même moment et à des conditions sensiblement identiques. Par exemple, pour les trans-

---

1. *Harmonies économiques*, p. 351.

ports en commun entre deux points donnés, il faudrait deux ou plusieurs lignes de tramways ou d'omnibus. Alors, pour avoir plusieurs lignes concurrentes, on devrait débourser plusieurs fois le capital d'établissement, sans que le plus souvent le trafic pût croître dans la même proportion. Le trafic restant le même, les entreprises rivales seraient obligées d'élever leurs prix ; nuisible aux capitalistes, la concurrence serait donc en même temps préjudiciable aux consommateurs [1].

Ce n'est pas là d'ailleurs qu'un argument d'école. L'expérience de la concurrence, dans les services municipaux, a été faite aux États-Unis ; or, le résultat a été, d'une part, l'élévation du prix de vente des produits [2], d'autre part, la constitution de *trusts* municipaux pour arrêter la concurrence.

Les municipalités américaines voulaient la concurrence, et, finalement, elles ont dû subir le monopole ; monopole d'une vitalité telle, que, plusieurs fois supprimé par application de la

---

1. Cf. VILLEY, *Principes d'économie politique,* p. 165.

2. A New-York, par exemple, malgré l'existence de sept compagnies rivales pour l'éclairage au gaz, le prix du gaz était très élevé, et il a fallu une loi générale de l'État de New-York pour décider que, dans les villes de plus d'un million d'habitants, le prix du gaz ne serait pas supérieur à 17 centimes et demi le mètre cube. Depuis peu de temps, les Compagnies de New-York se sont réunies, et constituent aujourd'hui un *trust* plus ou moins déguisé. (Bemis, *Municipal ownership of gas in the United States,* p. 70 et suiv.).

loi contre les *trusts,* il renaissait presque immédiatement par la force des choses. Les villes voulaient détruire le monopole par la concurrence, et il se reformait toujours[1]. Et cela suffit pour démontrer que l'application du principe du *laisser faire* aux services communaux est fausse.

Dispersion inutile et improductive des capitaux, augmentation du prix des produits ou services, formation de *trusts* ayant comme conséquence de mettre la population d'une ville à la merci d'une poignée de financiers : tels seraient les résultats de la concurrence appliquée aux services communaux d'usage collectif.

A cet obstacle économique s'ajoute, pour les services que nous étudions, un obstacle matériel.

Ces services sont, en effet, en connexité intime avec la voie publique. Or, les besoins de la libre circulation limitent fatalement le nombre des entreprises de ces services. Deux ou trois entreprises de distribution d'eau, de force motrice, d'éclairage ; deux ou trois lignes de tramways peuvent être tolérées, mais il est évident que ce nombre ne peut être illimité, car les travaux continuels d'installation ou de réparation

---

1. V. notamment l'histoire du *Chicago Gas Trust.* (*Les services publics et la question des monopoles aux États-Unis,* par P. de Rousiers, Rev. polit. et parlem., 1898. t. 18, p. 91 et suiv.).

des tuyaux de canalisation ou des rails rendent difficile et dangereuse la circulation.

La concurrence paraît donc ici absolument impossible, et des raisons économiques, aussi bien que des motifs purement matériels, imposent le régime du monopole ; et, puisqu'il est inutile d'essayer de prévenir le monopole, mieux vaut l'accepter comme un fait normal, en cherchant seulement à enrayer ses abus.

Il ne faut cependant pas exagérer la nécessité de ces monopoles de fait; et, puisqu'il a été démontré que le monopole est inévitable, il importe de tempérer immédiatement ce principe en déterminant dans quelle mesure.

Le monopole absolu doit d'abord être entravé par ce que les économistes appellent *la loi de substitution* loi d'après laquelle la grande cherté ou la mauvaise qualité d'un produit provoque l'emploi de produits différents pouvant mieux remplir le même but. Par exemple, de nouveaux modes de transports peuvent obtenir la faveur du public; de même, la rivalité croissante du gaz, de l'électricité, de l'acétylène fait que les entreprises d'éclairage doivent compter, elles aussi, avec la loi de substitution, qui apparaît dès lors comme une porte ouverte à la concurrence.

Les faits, du reste, prouvent la possibilité de la concurrence. C'est ainsi qu'à Berlin, des usines municipales et une compagnie privée se font concurrence pour l'éclairage public et privé depuis 1845, concurrence qui a eu comme conséquences heureuses l'abaissement des prix de vente et l'amélioration très sensible de l'éclairage [1].

Il est encore curieux de signaler, au même titre, l'observation faite par le colonel W. T. Makins, gouverneur de la *Gas Light and coke company*, que la consommation du gaz a augmenté précisément dans les districts de Londres où l'éclairage public a fait le plus de progrès [2].

Ceci d'ailleurs se comprend aisément: le gaz est un agent de chauffage en même temps que d'éclairage; il est d'emploi commode, surtout depuis les nouveaux perfectionnements apportés aux becs. La lumière électrique, au contraire, n'est qu'un agent d'éclairage, et surtout, les courants pouvant perdre dans la canalisation leur intensité première, elle n'offre pas la régularité de fonctionnement requise pour les besoins du commerce.

Autant de causes qui font que le monopole de fait absolu n'existe jamais, et que, même pour les services communaux, la porte est toujours entrebaillée à la concurrence.

1. Raffalowich, *L'éclairage à Berlin*, Écon. fr., 1897, 1, 703.
2. *Écon. franç.* 1892, 2, 203.

A dire vrai, ces monopoles sont nécessaires dans la mesure où la création ou l'exploitation des services communaux exigent une autorisation de la puissance publique, dans la mesure aussi où cela est compatible avec l'intérêt collectif des habitants. Mais il serait inexact de dire que la concurrence n'existe jamais : la loi de substitution la rend possible, et en fait elle existe.

On aurait tort, au surplus, de s'alarmer de la quasi-nécessité des monopoles communaux. La concurrence est ordinairement présentée comme un facteur de progrès économique, le monopole comme un obstacle au progrès. Or, ici, le régime du monopole permet, au contraire, d'obtenir les avantages ordinaires de l'unité de service et de la grande industrie : une division du travail plus parfaite, l'épargne des frais généraux et, partant, une plus grande facilité d'application des progrès techniques.

Mais, en outre, la nécessité d'autorisation de la puissance publique, qui est le principal obstacle à la concurrence, est en même temps le remède à l'absence de concurrence. Par son intervention, la personne administrative va enrayer les abus auxquels, comme tout monopole, pourrait aboutir le monopole communal, en mettant des conditions à son exercice.

Nous sommes ainsi amenés, par une transition logique, après avoir déterminé la notion
exacte des monopoles communaux et le droit
qui appartient à la commune de les créer, à
examiner ensuite l'exercice ou le fonctionnement de ces monopoles.

DEUXIÈME PARTIE

De la concession des monopoles communaux.

Comme l'État et le département, la commune a des droits de puissance publique et, partant, un droit de domaine public. Ce droit domanial de puissance publique donne à la personne administrative un droit de propriété publique [1], ayant

1. Comp. HAURIOU, *Précis*, p. 612 et suiv.— Ce droit de propriété du domaine public a une justification historique D'abord choses communes, appartenant au public, les dépendances du domaine public sont devenues propriété des personnes administratives. Le public, en effet, étant dans l'impossibilité de faire valoir son droit de propriété, d'exercer les actions pour la garde et la protection du domaine public, a dû confier l'exercice de ces actions aux personnes administratives. Puis, insensiblement, on a été jusqu'au bout dans cette voie, et on a considéré l'État comme ayant un droit de propriété sur les dépendances du domaine public. En réalité, l'État doit être considéré comme « ayant, à titre de dépôt pour le compte du public, une sorte de *propriété fiduciaire* des dépendances du domaine, qui lui permet de les protéger par toutes les voies de droit, et en même temps de tirer d'elles leur maximum d'utilité ». — V., sur cette évolution historique : SALEILLES, *Le domaine public à Rome et son application en matière artistique* (Nouv. Rev. hist. du droit, 1888, p. 497, et 1889, p. 457, et *Loi du 30 mars 1887 sur la conservation des monuments historiques*. Rev. bourg. 1891, p. 635) et art. de M. BARKHAUSEN (Rev. critique de législ. 1884).

pour but et pour résultat de procurer directement au public l'usage de la chose sur laquelle il porte [1], en même temps qu'il confère à cette personne administrative des prérogatives exorbitantes du droit commun.

Le droit de domaine public de la commune s'étend aux voies de communication, à tout ce qui fait corps avec elles et à tous les bâtiments affectés à un service public. C'est notamment en vertu de son droit domanial de puissance publique qu'elle peut faire bénéficier ses habitants de grands services d'usage collectif: éclairage public et privé, distribution d'eau, transport par omnibus ou par tramways.

Ce droit a été reconnu à la commune et justifié dans la première partie de cette étude : il faut étudier maintenant comment la commune exerce ce droit.

---

1. M. Hauriou, *op. cit.*, p. 613, dit que le droit de domaine public est destiné à procurer au public le *libre* usage de certaines choses. C'est là, croyons-nous, une exagération. L'usage du domaine public n'est absolument libre que pour certaines dépendances du domaine public, par ex., les voies de communication, les fleuves, les rivages de la mer. Au contraire, l'usage de certaines autres dépendances n'est pas libre : par ex., pour les chemins de fer, il faut payer un prix pour le transport ; enfin, pour les dépendances du domaine public qui font spécialement l'objet de cette étude : tramways, conduites d'eau, de gaz, d'électricité, l'usage est également subordonné à une rémunération en argent. — La socialisation des chemins de fer, d'une part, la municipalisation des services communaux d'usage collectif, d'autre part, permettraient seules d'arriver à mettre en pratique cette conception, théoriquement exacte, du libre usage de toutes les dépendances du domaine public.

Or, il y a en principe deux solutions à la question ainsi posée : ou bien c'est le titulaire du droit qui exerce lui-même son droit, ce qui est la règle ; ou bien c'est un autre que le titulaire qui exerce le droit, la jouissance du droit et l'exercice du droit appartenant à deux individus différents, ce qui est l'exception.

Cette règle générale, conforme à la notion philosophique du droit [1], reçoit son application en ce qui concerne spécialement les droits de puissance publique ; en principe, les droits de puissance publique ne doivent être exercés que par les personnes administratives auxquelles appartiennent ces droits [2].

Ce principe s'applique à l'État et au département ; ce n'est qu'exceptionnellement que des organisations privées ont l'exercice de certains droits de puissance publique.

Il doit s'appliquer également à la commune : en théorie, la commune doit pouvoir exercer par elle-même ses droits domaniaux de puissance publique, et notamment elle doit pouvoir à son gré exploiter elle-même ou faire exploiter par des particuliers les grands services publics d'usage collectif d'eau, d'éclairage ou de transport, de même que l'État exploite lui-même ou

1. Cf. Ihering, *L'esprit du droit romain,* trad. de Meulenaere, p. 333 et suiv.
2. Cf. Hauriou, *Précis*, p. 565.

fait exploiter par des compagnies le service public des chemins de fer.

Or, la pratique administrative vient battre en brèche une telle conception, qui *a priori* paraît cependant très rationnelle. Elle se refuse à reconnaître aux communes le droit d'exploiter elles-mêmes ces grands services publics, ou au moins certains d'entre eux[1].

En un mot, elle enlève à la commune l'exercice du droit de puissance publique; elle lui laisse seulement la jouissance du droit, car c'est encore jouir de son droit que d'en céder l'usage à autrui; elle veut que la commune, au lieu d'exercer elle-même son droit domanial de puissance publique, consistant ici dans le double droit d'accomplir un service public communal et de lever une taxe pour s'en rémunérer, fasse *concession de l'exercice de ce droit* à une autre personne, individu ou société.

C'est là, nous le démontrerons, une pratique que rien ne justifie, que viennent, au contraire, combattre des raisons d'ordre juridique, d'ordre économique et social, d'ordre politique, d'ordre financier.

L'exercice des monopoles communaux par

---

1. Nous verrons, en effet, *infra* que le Conseil d'État, qui admet la régie directe pour le monopole de distributions d'eau, ne l'admet pas, au contraire, en ce qui concerne les tramways et la plupart des services publics.

la commune n'est pas seulement possible ; il serait bienfaisant.

Cependant, avant d'aborder la critique du système de la concession, il est logique d'étudier le fonctionnement de ce système ; il sera plus facile d'en signaler ensuite les inconvénients.

Nous diviserons nos explications sur la concession des monopoles de fait communaux de la façon suivante :

Chapitre Ier. — *Notions générales sur la concession.*

Chapitre II.— *Nature juridique de la concession des monopoles communaux.*

Chapitre III. — *Conditions de cette concession.*

Chapitre IV. — *Ses effets.*

CHAPITRE Ier

NOTIONS GÉNÉRALES SUR LA CONCESSION.

D'une façon générale, le mot concession s'applique à un acte émanant de l'autorité administrative. Mais cet acte a une portée différente, selon qu'il s'agit du domaine privé ou du domaine public de la personne administrative.

Dans le premier cas, l'acte de concession peut créer, au profit du concessionnaire, un droit réel sur la chose faisant partie du domaine privé.

Dans le second cas, l'acte de concession ne peut créer, au profit du concessionnaire, qu'une possession précaire, parce que c'est un principe fondamental et intangible que le domaine public, à raison de sa destination d'utilité publique, est inaliénable et hors du commerce [1].

---

1. Il faut, d'ailleurs, distinguer avec soin la concession *d'usage* ou concession sur une dépendance du domaine public déjà créée, et la *concession de travaux publics*, qui est une concession d'usage d'une dépendance du domaine public que l'on a créée soi-même ou que l'on entretient. Cf. HAURIOU, *Précis*, 2ᵉ édit., p. 674 ; — LOENING, *Lehrbuch der deutschen Verwaltungsrecht*, p. 292 ; – CAMMEO.*op.cit.,Ar-chiv. giur.*, T. LV, p. 563. Ce dernier auteur présente la distinction

Le droit de domaine public, en effet, est un des attributs de la puissance publique, c'est-à-dire une suite du droit de souveraineté. C'est donc un droit qui n'appartient originairement qu'au peuple. Mais celui-ci est incapable d'exercer lui-même son droit et de veiller à la protection et à la conservation de son domaine; c'est pourquoi il a délégué aux personnes administratives l'exercice de ses droits de puissance publique.

C'est parce que les personnes administratives n'ont que la « propriété fiduciaire », le dépôt de ces droits, qu'elles doivent les exercer exclusivement dans un intérêt public. Et c'est aussi parce qu'elles sont des propriétaires fiduciaires que la concession sur le domaine public ne peut créer, au profit du con-

d'une autre façon: la personne publique concède, dit-il, soit un droit particulier qui, de sa nature, appartient à l'administration, par exemple l'occupation du domaine public: c'est la concession d'usage; soit un ensemble de droits et obligations qui appartiennent à l'administration et constituent un service public. Dans ce cas, il faut alors faire une sous-distinction : le service public peut répondre à des besoins généraux, de façon à constituer une industrie et à mettre le concessionnaire en rapport avec les tiers, ou bien à des besoins de la commune ou de l'État. Dans le premier cas seulement, il y a concession de travaux publics, c'est-à-dire droit pour le concessionnaire d'accomplir un travail public et de percevoir une redevance sur ceux qui en profitent, pour s'en rémunérer. Cette distinction de Cammeo n'est pas parfaite ; elle ne met pas suffisamment en relief l'élément capital qui distingue la concession d'usage de la concession de travaux publics, à savoir le fait que le concessionnaire utilise une dépendance du domaine public déjà créée, ou, au contraire, est obligé de créer lui-même ou d'entretenir la dépendance du domaine public.

cessionnaire, qu'un droit de possession précaire ; une possession précaire, parce qu'il ne
faut pas que, par l'abandon d'une possession
trop longue, la personne administrative puisse
laisser détourner la dépendance du domaine
public de sa destination d'utilité publique.

C'est en ce sens qu'il faut entendre la façon
dont certains auteurs définissent les caractères
de la concession[1]. « La concession, dit Perriquet,
consiste, soit dans l'abandon de biens appartenant à l'État, soit dans la substitution à certains
droits de l'État[2]. »

D'autres, se plaçant à un point de vue plus
général, précisent mieux la notion de concession : « C'est, dit Batbie, un acte par lequel

1. Il est regrettable que le mot concession n'ait pas un sens précis, et ne désigne pas toujours la même opération. D'une façon générale, il indique des manifestations des personnes publiques destinées
à produire des effets juridiques ; mais tantôt cette expression vise des
actes juridiques de l'administration dans le domaine du droit privé
relativement à la disposition de ses biens patrimoniaux, tantôt elle
sert à désigner dans le domaine du droit public des manifestations
de volonté des personnes administratives, État, département ou commune, destinées à accorder à des particuliers l'exercice de certains
droits appartenant exclusivement à l'administration. C'est dans cette
dernière acception que nous envisageons ici le mot concession, et
que nous cherchons à en préciser la portée dans le domaine du droit
public. Comp., sur les acceptions diverses du mot concession: LAFER-
RIÈRE, *Traité de la juridiction administrative et des recours contentieux*, 2ᵉ édit., T. I, p 604-606 ; — CHRISTOPHLE et AUGER, *Traité des
travaux publics*, T. II, nᵒ 1458 ; — AUCOC, *Conférences sur le droit
adm.*, T. II, p 426, nᵒ 707 ; — MANTELLINI, *Lo Stato e il cod. civile*,
II, 504 ; — GIORGI, *La dottrina delle persone giuridiche*, II, 138 ; —
CAMMEO, *op. cit. et loc. cit.*, T. LV, p. 562.

2. PERRIQUET, *Contrats de l'État*, nᵒ 251, p. 242.

l'administration subroge à ses droits un particulier ou une compagnie; c'est une mesure discrétionnaire qui n'implique aucun droit préexistant de la part du concessionnaire, et qui est la source première des actions acquises à ce dernier[1]. »

La conception de Ranelletti se rapproche de celle-ci. Cet auteur remarque d'abord que la concession est comprise dans « les actes administratifs concernant des sujets juridiques ne faisant pas partie de l'administration, ou actes d'administration externe[2] »; puis il ajoute que la concession « crée un véri-

---

1. Batbie, *Droit public et administratif*, t. vii, p. 275, n° 253. — La même idée se trouve exprimée en termes à peu près identiques par Dufour (*Droit administratif*, t. vii, p. 209, n° 274) : « La concession d'une entreprise d'utilité publique implique la délégation à un particulier d'une mission que son objet place incontestablement dans le domaine de l'administration : elle l'appelle à pourvoir à un besoin public. » — Comp.: Bertheau, *Dictionnaire raisonné*, v° *Concession*, n° 20918; — Béquet, *Répertoire*, v° *Concession*; — Blanche, *Dict. général d'admin.*, v° *Concession*; — Delalleau, *Expropriation*, t. i, n° 241; — Cormenin, *Questions de droit administratif*, t. ii, p. 9; — Wodon, *Traité des choses publiques*, p. 249-251; — Championnière, *Propriété des eaux courantes*, n° 424.

2. Ranelletti (*Teoria generale delle autorizzazioni e concessioni amministrative*, 1894, Turin, Unione Tipog. n° 1, p. 12, et n°° 2, 11, 12, 13) a soin de distinguer les actes d'administration interne, tel le droit de surveillance et de contrôle des supérieurs sur les actes de leurs subalternes, etc., des actes d'administration externe parmi lesquels il faut placer la concession, puisqu'elle met la personne administrative dont elle émane en relations avec un sujet juridique ne faisant pas partie de l'administration. — Cf.: Orlando, *Principii di diritto amministrativo*, p. 76 et suiv., p. 53 et suiv.; — Meyer, *Lehrbuch des deutschen Verwaltungsrechts*, 1883, t. i, § 8, p. 24.

table droit nouveau au profit d'une personne en laquelle n'était pas auparavant le germe de ce droit ».

« Il y a certains actes administratifs qui se bornent à reconnaître et à certifier l'existence des conditions requises pour rendre possible l'exercice de certains droits créés par la loi[1], et, dans ce cas, l'acte reconnaît seulement que le droit peut être exercé, il ne crée pas le droit. Au contraire, pour la concession, la loi décide seulement qu'un droit peut être créé, mais elle ne crée pas ce droit ; c'est l'acte administratif, c'est-à-dire la concession, qui le crée. »

« Au surplus, ajoute Ranelletti, cette faculté

5. RANELLETTI, *loc. cit*, n. 6, 7, 11, 12, p. 17 et suiv. — Cet auteur donne, en effet, comme base à sa distinction des actes administratifs, la *fonction* qu'accomplissent ces actes. Il est amené à distinguer, d'une part, les « actes administratifs de pure exécution », qui viennent affirmer l'existence des conditions déterminées par la loi pour l'exercice du droit, et reconnaissent le droit dans un sujet juridique donné, d'autre part « les actes administratifs qui créent directement des droits ou en permettent l'exercice ». Dans la première classe rentrent par exemple les droits d'auteur ; dans la seconde, les concessions (*loc. cit.*, p. 40 et suiv.). D'autres auteurs basent leur distinction des actes administratifs sur *l'objet* de ces actes. C'est ainsi que Meyer (*op, cit.*, T. I, § 8 et § 20, T. II, § 194) distingue les concessions des actes qui fondent des droits. Les unes et les autres rentrent bien dans l'activité souveraine de l'État ; mais les premières sont des actes de police par lesquels on permet à quelqu'un l'accomplissement de certaines actions ; les autres sont des actes par lesquels se manifeste l'activité de l'administration en créant des rapports juridiques soit dans le domaine du droit privé, soit dans celui du droit public. La classification de Loening se rapproche, sauf en quelques divergences, de celle de Meyer. (LOENING, *Lehrbuch des deutschen Verwaltungsrechts* 1881, § 52, II, p. 242-245.)

pour la personne administrative de créer un droit au moyen d'une concession, cadre parfaitement avec la mission qui appartient à la commune, comme à l'État, d'aider et d'aiguillonner le développement de l'activité sociale. [1]»

Ces théories ne sont pas, à notre avis, absolument exactes. Il vaut mieux dire que la personne administrative qui fait une concession ne crée pas un droit, mais délègue simplement au concessionnaire l'exercice du droit dont elle a la jouissance.

La concession ne crée pas, elle transfert ce qui existait déjà : il est facile de le démontrer en se plaçant au point de vue spécial des concessions sur le domaine public communal.

Le droit de domaine public appartient à la commune en vertu de son droit de puissance publique. La commune ne peut donc céder ce droit, puisqu'une telle cession équivaudrait à la cession du droit de puissance publique, lequel est par définition et par nature incessible.

Le fondement des droits de puissance publique de l'État et de ses dérivés, département ou commune, c'est-à-dire la nécessité pour tout gouvernement d'agir et de vivre [2], implique bien en effet l'impossibilité pour les personnes administratives de se dépouiller de ce droit.

---

1. *Op. cit.*, n° 11, p. 38.
2. Comp. HAURIOU, *Précis de droit administratif*, 3ᵉ éd., p. 27.

Il importe peu, d'ailleurs, que ce droit se traduise par un acte d'autorité ou par un acte de gestion [1] : dans le second cas, il est bien vrai

---

1 Les droits de puissance publique de la commune, comme du reste ceux du département et de l'État, comprennent en effet des droits de police et des droits domaniaux. Or, cette distinction correspond exactement à la division des actes administratifs en actes d'autorité et en actes de gestion, qui est une des divisions fondamentales du droit administratif. Cette division, admise par la jurisprudence administrative dans la question de la responsabilité de l'État, est reconnue presque unanimement par la doctrine. — Comp. LAFERRIÈRE, *op. cit*, T. II, p. 186; — BREMOND, *Traité de la compétence*, n°° 339 et suiv.; — HAURIOU, *Précis*, p. 272 et suiv.; — MICHOUD, *De la responsabilité de l'État*, n°° 19 et suiv. Rev. de droit public, 1895, I, p. 402 et suiv.—La doctrine allemande et italienne admet aussi la distinction ; mais les auteurs se divisent sur la question de la délimitation des deux catégories, et sur celle de savoir exactement quels sont les actes d'autorité, quels sont les actes de gestion. Les uns rangent dans les actes d'autorité tous les actes par lesquels les personnes administratives exercent leur souveraineté, aussi bien les actes d'administration interne ayant pour but la satisfaction des intérêts du peuple que ceux d'administration externe, administration militaire et financière. — MEYER, *Lehrbuch des deutschen Verwaltungsrechts*, T. I, § 18 et T. II. — RANELLETTI, *Teoria generale*, p. 5. — MEUCCI, *Instituzioni di diritto ammin.*, 1892, p. 576-581 ; — DE GIOANNIS GIANQUINTO, *Corso di diritto publico amm.*, I, p. 20 et suiv. — D'autres y font rentrer seulement les actes d'administration interne. — STEIN, *Verwaltungslehre*, II, p. 46 et suiv. — LOENING, *Lehrbuch des deutschen Verwaltungsrecht* 1884, § 1 et 48. — MEIER, *Das Verwaltungsrecht*. Encyclopädie der Rechtswissenschaft di Holtzendorff 1882, T. I,, p. 1089. — V. aussi: MEYER, STENGEL, ROESLER, ORLANDO, cités par RANELLETTI, *op. cit.*, p. 4, note 1. La plupart distinguent en outre ces actes administratifs en actes ayant pour objet la réglementation d'un nombre complexe de cas non déterminés singulièrement (*Verordnungen*) et en actes destinés à régler certains rapports concrets : dans ceux-ci rentreraient les concessions en général et les concessions faites par la commune sur le domaine public en particulier (*Verfügungen*). — Comp. sur cette distinction: LOENING, *op. cit.*, §§ 49 et 52. — MEYER, *op. cit.*, § 8. — SARWEY, *Das œffentliche Recht und die Verwaltungsrechtspflege*, p. 48. — RANELLETTI. *op. cit.*, p. 7 et suiv.

qu'à la différence du premier, la personne administrative se lie dans un intérêt pécuniaire ; mais ce lien temporaire paralyse seulement l'exercice de son droit, il n'entraîne pas l'abandon du droit.

Nul n'oserait soutenir que la commune peut céder son droit de police ; or, il y a mêmes raisons pour qu'elle ne puisse céder son droit domanial de puissance publique, puisque ce sont là les deux attributs du droit général de puissance publique.

Donc, pour qui recherche le fondement du droit de domaine public, il est impossible que la commune puisse céder ce droit.

On aboutit encore à la même conclusion si l'on envisage la destination de ce droit.

C'est une destination d'utilité publique : les voies communales, par exemple, font partie du domaine public de la commune, c'est-à-dire qu'elles sont asservies par la loi à l'utilité collective des habitants de la commune[1]. Aussi sont-elles inaliénables. Mais cette inaliénabilité n'existe qu'en ce qui concerne le droit : l'exercice du droit peut être cédé.

C'est précisément là le résultat de la concession.

La concession apparaît donc comme une opération de puissance publique consistant dans

______

1. Comp. DE RÉCY, *Traité du domaine public*, 2ᵉ édit., T. I, p. 183 et suiv.

la cession par une personne administrative
de l'exercice d'un de ses droits de puissance
publique [1].

Et quand on dit que la commune fait une
concession sur le domaine public communal
pour l'organisation ou l'exploitation d'un service d'usage collectif (transport, distribution
d'eau ou de lumière), cela veut dire qu'en qualité de puissance publique, elle cède à un particulier ou à une compagnie l'exercice des droits
de puissance publique nécessaires pour réaliser
ce but: tels le droit d'accrocher à la voie publique des tuyaux ou des rails, et celui de lever
une taxe pour se rémunérer du service rendu.

La concession ne crée donc pas un droit
nouveau ; elle organise seulement l'exercice
d'un droit.

Il était indispensable de rappeler ces notions
générales avant de chercher à déterminer la
nature juridique de la concession d'un monopole
de fait communal.

1. Certains auteurs parlent dans le même sens de *délégation* des
droits de puissance publique. — DUFOUR, *op. cit.*, T. VII, p 209,
n° 274. — LAFERRIÈRE, *Traité de la juridiction administrative*,
2e éd., T. I, p. 605 ; de *subrogation* (BATBIE, *op. cit.*, T. VII, p. 275,
n° 253. C'est improprement que Perriquet voit dans la concession
faite par l'État une *substitution aux droits de l'État* ; il y a seulement substitution dans l'exercice de ces droits. —PERRIQUET, *op. cit.*,
n° 251, p. 212. — V. aussi : COTELLE, *Cours de droit administratif*,
T. II, n° 900-923 ; — GIORGI, *op. cit.*, T. II, n° 232, p. 462.

CHAPITRE II

En la forme, la concession sur le domaine public communal se présente comme une approbation donnée à un acte renfermant les clauses et conditions de l'exploitation du service communal, et fait corps avec cet acte.

Cette unité matérielle de deux actes différents en principe, unité qui, d'ailleurs, se rencontre dans toute concession sur le domaine public, a été cause d'une confusion sur la nature juridique de la concession, et explique sans doute le désaccord qui existe sur cette question dans la doctrine.

On distingue, parmi les nombreuses théories sur la nature juridique de la concession, deux tendances nettement opposées : d'une part, on fusionne la concession avec l'acte qui l'accompagne, et on la présente alors comme un acte de nature contractuelle ; d'autre part, on soutient que la nature juridique de l'acte joint à la concession, ne déteint pas sur celle-ci, qui reste toujours unilatérale.

Dans la première opinion, on distingue les concessions sur le domaine public en concessions unilatérales et concessions bilatérales ou concessions-contrats. La concession unilatérale est la concession à l'état pur ; elle devient bilatérale, au contraire, dès qu'elle est mélangée à un contrat [1].

Les auteurs ne sont cependant pas d'accord sur le point de savoir ce qu'il faut exactement pour que la concession, abandonnant sa nature

1. La distinction entre la concession unilatérale et la concession bilatérale n'est faite nettement, dans la doctrine française, que par M. Hauriou, *Précis,* p. 674. Tous les autres auteurs présentent uniquement la concession sur le domaine public comme un contrat.— V.: Laferrière, *Traité de la jur. adm.,* 2ᵉ éd., t. Iᵉʳ, p. 604 ; — Christophle, *Tr. des trav. pub.,* t. ii, n° 1458 ; — Batbie, *Traité,* t. vii, n° 256 ;— Dufour, t. vii, p. 209 ; - Aucoc, *Conférences,* t. ii, n° 707. p. 427 ; — Ducrocq, *Cours,* I, n° 317, p. 290 ; — Cotelle, *Cours,* t. ii, p 462 ; — Delalleau, *Rev. de lég. et de jur ,* 1835, I, p. 183 ; — Dalloz, *Rép.,* vᵒ *Concession administrative,* n° 100. — Dans la doctrine italienne, sauf Gianzana, qui dit que toutes concessions sont des contrats faits par l'État ou les communes comme personnes privées (cité par Ranelletti, *Teoria generale,* p. 51), tous les auteurs distinguent les concessions unilatérales ou « concessions licences », et les concessions bilatérales ou « concessions contrats ». — V.: Mantellini, *Lo Stato e il Codice civile,* t. ii, p. 505-508 ; — Giorgi, *La Dottrina delle persone giuridiche,* ii, p. 461 et iii, p. 273 et suiv ; — Vita Levi, *Delle locazioni di opere,* ii, p. 57. — Cammeo, *Archiv. Giur.,* t. 55, p. 570 et suiv. ; — Ratto et Tiepolo, cités par Ranelletti, *op, cit ,* p 51 et 52. — La théorie de ces auteurs, celle de Ratto mise à part, peut se résumer ainsi : les concessions, quel que soit leur objet, sont toujours des actes de puissance publique faits par les personnes administratives en leur qualité de puissance publique ; mais il y a des concessions unilatérales qui sont de simples faveurs, des actes d'autorité et des concessions-contrats qui, au contraire, lient la personne administrative.

unilatérale, *incidit in contractum*. Cela se produit soit lorsque, dans l'acte qui accompagne la concession, la personne administrative s'interdit de la révoquer pendant un certain temps[1], soit dans tous les cas où l'acte de concession est accompagné d'un contrat imposant des obligations et des droits réciproques[2], soit seulement dans le cas où la personne administrative, outre le droit qu'elle donne au concessionnaire d'exploiter exclusivement le service et de lever une taxe sur le public, s'oblige aussi à *contribuer pécuniairement* à la construction ou à l'exercice du travail[3].

Et l'on se divise encore sur la nature de cet acte contractuel qu'est devenue la concession : « contrat *sui generis*[4] » ou « acte *sui generis*[5] » pour les uns, « traité de concession » ou « contrat bilatéral en soi » pour les autres[6].

En un mot, on fait un alliage de deux actes de nature différente pour en forger un acte unique de nature contractuelle.

Tout récemment, un auteur italien, M. Ranelletti, reprenant la théorie professée en Alle

1. HAURIOU, *op. cit.*, p. 675.
2. GIORGI, *op. et loc. cit.*
3. MANTELLINI, *op. et loc. cit.*
4. BATBIE, DUCROCQ, AUCOC, MANTELLINI, *op. et loc. cit.*
5. DUFOUR, *op. et loc. cit.*
6. HAURIOU, *Précis*, p. 784.

magne [1], a dénoncé le vice du système que nous venons d'exposer, et démontré que la concession, pour être unie, mêlée à un autre acte, conserve sa nature propre d'acte unilatéral [2].

Pour démontrer que la concession ne devient pas un contrat de droit public, il suffit de rechercher, dit-il, à quel moment cet acte est parfait et commence d'exister. Or, le contrat s'accomplit par une série d'actes, dont le dernier est l'approbation par l'autorité compétente. C'est seulement à partir de ce moment que le contrat est parfait et oblige l'administration. « Au contraire, la concession est tout entière dans l'acte qui la contient ; elle existe quand cet acte est parfait, et à ce moment seul. »

Il est vrai que cette concession a été pré-

---

1. Ranelletti, *Teoria generale* cit , n' 23 et suiv., p. 80 et suiv.

2. La doctrine allemande voit en effet dans toutes les concessions des actes unilatéraux. Cela est d'autant plus remarquable que les auteurs se divisent en deux camps sur la question de la nature juridique des actes administratifs en général (*Verfuegungen*), les uns soutenant que ces actes sont tantôt des déclarations unilatérales de volonté de l'État (*Verfuegungen* au sens strict), tantôt de véritables contrats de droit public (*staatsrechtliche Vertraege*) — Laband, *Staatsrecht..* § 68, p. 212 et suiv. — Meier, *Abschluss von Staatsvertraegen*, p. 76 et suiv.—Loening, *Lehrbuch*, cit *supra*, § 52 et 53. — Les autres prétendent, au contraire, qu'il n'y a que des actes administratifs unilatéraux. (Meyer, *Lehrbuch*, § 21, p. 72. — Haenel, *Studien zum deutschen Staatsrecht*, i, p 242. — Zorn, *Das Staatsrecht*, i, p. 105.) — Or, de part et d'autre, on est d'accord pour faire rentrer les concessions dans les actes administratifs unilatéraux. — Cette théorie prévaut également en Angleterre. (V. Cammeo, *op. cit.*, p. 573 et suiv)

cédée d'actes par lesquels la personne privée qui
la sollicite s'engage à certaines obligations ;
mais ces actes lient le particulier avant la concession et indépendamment d'elle.

Certes, il y a entre ces actes du particulier et
la concession, une relation et l'on peut dire que
ces deux actes sont connexes, puisque l'efficacité de la concession est subordonnée à différentes obligations de la part du concessionnaire. Mais, malgré cette intimité, ils ne forment
pas un acte juridique unique, et l'on ne peut
pas dire que les concessions qui coexistent
avec un acte d'obligation, dépendant en partie
de l'activité du particulier, en partie de l'activité de la personne publique, sont des contrats bilatéraux d'où naissent des créances et
des dettes. Il faut remarquer en effet que, si la
concession est la *causa obligationis* du concessionnaire, les obligations du concessionnaire
ne sont pas la cause de la concession. Celle-ci
a sa *cause* dans la poursuite d'un but d'utilité
publique, et l'obligation du particulier est seulement pour elle le *moyen* d'atteindre ce but. La
concession, ayant pour fin directe l'intérêt public, est donc un acte de puissance publique,
c'est-à-dire un acte unilatéral émanant de
l'administration qui déclare sa propre volonté.
Dire que c'est un acte bilatéral, c'est admettre
qu'un particulier peut contribuer à la cons-

tilution d'un acte de puissance publique, ce qui est inadmissible.

« Quant aux actes qui obligent les particuliers, aussi bien la déclaration de volonté contenue dans la demande que l'acceptation postérieure à la concession et que les obligations contenues dans le cahier des charges, ce sont, dit Ranelletti, des actes unilatéraux de droit privé[1]. La concession, en effet, peut créer des droits au profit du concessionnaire, mais elle ne peut lui imposer d'obligations ; celles-ci existent par la seule volonté de ce dernier ; elles peuvent seulement être considérées, au point de vue juridique[2], comme des conditions résolutoires expresses ou tacites de l'acte de concession.

Au total, la théorie de Ranelletti peut se résumer dans les trois propositions suivantes :

I. La concession et l'acte qui y est adjoint sont deux actes d'une nature juridique différente ; tous deux sont unilatéraux.

---

1. *Op. cit.*, n° 27.

2. On ne peut mieux comparer, ajoute Ranelletti, p. 103, la concession et le contrat qui y est adjoint qu'au testament et à l'acceptation de l'hérédité. Ce sont, en effet, deux actes, ayant une vie indépendante, puisqu'il n'y a plus possibilité de la rencontre des consentements par suite du décès du testateur. De même dans notre cas, il y a empêchement à l'union des volontés de la personne publique et de la personne privée. Cette comparaison est inexacte; nous démontrerons, en effet, au texte, que si la concession ne peut engager la personne administrative, celle-ci peut valablement se lier par un traité.

II. L'un, la concession, est un acte unilatéral de droit public.

III. L'autre est un acte unilatéral de droit privé.

Les deux premières propositions seules sont exactes; la troisième doit, au contraire, être absolument rejetée.

Il est bien vrai que les deux actes sont de nature différente et que la concession, pour être unie à un autre acte, ne se fond pas avec lui au point de perdre sa nature essentielle d'acte unilatéral et gracieux, fait par la personne administrative comme puissance publique. La nature d'un acte ne peut être qu'une, et il est impossible d'admettre l'existence d'actes mixtes de nature plus ou moins contractuelle.

L'inadmissibilité d'une telle conception ressort d'ailleurs clairement de l'embarras dans lequel ses partisans se trouvent pour dénommer le nouvel acte juridique qu'ils viennent de créer: « contrat bilatéral en soi », ou encore « contrat de droit strict » selon les uns; « contrats *sui generis* », ou « actes *sui generis* » pour d'autres.

Elle ressort enfin de ce que la concession est un acte de puissance publique; or, il est impossible de mêler à un tel acte une substance contractuelle, puisque cela tendrait à faire considérer la personne administrative comme pouvant être obligée d'accorder une concession, alors que cet acte est toujours facultatif.

Par la concession, la personne administrative donne à autrui l'exercice de certains droits; elle ne s'oblige pas. La concession n'est jamais un acte d'obligation.

Mais la commune, comme toute personne administrative, peut s'obliger par un contrat. C'est ce qui se produit dans l'hypothèse de la création d'un monopole de fait pour l'exploitation d'un grand service communal. Le contrat, à côté de droits et d'obligations d'un caractère pécuniaire: subventions, garantie d'un minimum d'intérêts, participation aux bénéfices de l'exploitation, contient l'engagement, dans le cas où la concession demandée par l'entrepreneur lui sera accordée, soit de ne pas la lui enlever avant un certain délai, soit de ne pas donner une concession semblable à d'autres entrepreneurs.

Toutefois, il faut remarquer que la commune, malgré la demande de l'entrepreneur et l'acceptation qu'elle en a faite, reste toujours libre d'accorder ou non la concession [1]; que, d'autre part,

---

1. L'entrepreneur, au contraire, est engagé avant que la concession soit accordée; dans ce cas, le Conseil d'État a décidé (31 janvier 1873, *Compagnie du gaz Riche*, GARNIER p. 6) que, lorsqu'une compagnie d'éclairage au gaz a *commencé à exécuter le traité*, elle ne peut se prétendre déliée de ses engagements, et refuser de continuer l'exécution du marché en arguant du défaut d'approbation de l'autorité supérieure.

dans le cas où la concession est accordée, elle ne crée aucune obligation, elle confère seulement au concessionnaire des droits ou pouvoirs: la commune n'est obligée que par le contrat.

L'acte auquel est adjointe la concession rentre bien dans les termes de l'article 1101 du Code civil [1] ; il crée pour chaque partie des droits et des obligations, ne parlons donc pas ici d'acte unilatéral de droit privé; car l'entrepreneur est obligé envers la commune à faire certaines choses, et cette obligation a une sanction : la déchéance, dans le cas où elle n'est pas exécutée.

Il reste à déterminer le caractère de ce con-

1. *Contra*, RANELLETTI, *loc. cit.*, p. 104, et surtout CAMMEO. *Arch. giur.*, T. IX, p. 574 et suiv. — D'abord, dit Cammeo, on ne trouve ici aucune des conditions exigées par l'art. 1103 du Code civil, et puis, par la concession, la commune s'engage au fait des tiers; or, c'est un principe de droit civil qu'on ne peut stipuler en son propre nom que pour soi-même. Cette thèse est fausse: d'abord, si l'auteur ne trouve pas les éléments du contrat dans le marché d'entreprise de services communaux, cela tient à ce qu'il mélange au traité l'élément concession; si l'on détache, au contraire, la concession du traité, et qu'on laisse à chacun de ces actes leur nature propre, on trouve dans le marché toutes les conditions du contrat. Quant à l'autre objection, elle repose sur l'erreur, que nous avons combattue déjà (PILON, *Essai d'une théorie générale de la représentation dans les obligations*. p. 188 et suiv.), qui consiste à dire que la commune représente ses habitants, alors qu'elle n'est que l'organe de leur volonté. — La thèse de la « *volonté naturelle* » des personnes morales, fondée par Zitelmann et Beseler, a été développée par Gierke et adoptée depuis par beaucoup d'auteurs. (V. SALEIL-LES, *Théorie de l'obligation*, p. 366. — M. Michoud l'adopte avec quelques modifications. — *De la responsabilité de l'État à raison des fautes de ses agents*, — *Revue de droit public*, 1895, I, p. 402 à 430)

trat : est-ce un contrat administratif ou de droit public, c'est-à-dire dont le contentieux est de la compétence des tribunaux administratifs? est-ce un contrat de droit privé relevant des tribunaux judiciaires ?

Les marchés d'entreprises d'éclairage, de distribution d'eau ou de force motrice, de transports en commun sont des contrats de droit public.

Cela résulte de ce que 1° la commune traite avec l'entrepreneur en qualité de puissance publique, et 2° le traité a pour objet un travail public.

D'abord, il est certain que la commune qui fait un marché pour l'entreprise des services communaux dont il s'agit, avec concession d'un monopole de fait, agit comme puissance publique. Elle fait, en effet, un acte de gestion à l'occasion du domaine public ; or, les actes de gestion sont essentiellement imprégnés de puissance publique, et, d'ailleurs, comme tous les actes de gestion, celui-ci confère à l'entrepreneur des droits irrévocables *vis-à-vis de la commune*.

Mais il faut bien noter que, *sur la dépendance du domaine public* dont il a l'exploitation, il a toujours au contraire un droit précaire, la clause de rachat étant essentielle au traité adjoint à la concession.

On objecterait vainement au principe que nous venons de poser que le marché dont il s'agit est un contrat de droit civil, parce que le contrat devient de la compétence judiciaire pour les difficultés soulevées relativement à son interprétation entre l'entrepreneur et les particuliers.

En effet, le marché a sa cause, en ce qui concerne la commune, non dans un intérêt privé, mais dans un intérêt public.

Et si ce contrat, pour l'interprétation duquel on suivra les règles du droit civil, auquel la jurisprudence applique notamment les articles 1134, 1719, 1628 [1], 1304 [2] du Code civil, est de la compétence des tribunaux civils, relativement aux contestations entre les concessionnaires et les particuliers, cela résulte de ce que, selon la formule du Conseil d'État, « aucune disposition de loi n'autorise la juridiction administrative à connaître de ces contestations », tandis qu'elle est compétente pour statuer sur les difficultés qui s'élèvent entre les villes et les concessionnaires, par application de la loi du 28 pluviôse an VIII.

Qu'on ne dise pas non plus qu'il est inexact

----

1. V. Notamment Cass., 3 mai 1331 (S. 1832, 1, 172).

2. V. Conseil d'État, 15 juin 1877, *Chambéry*, Garn. i, 253 : « Considérant, dit l'arrêt, que l'art. 1304 s'applique aux conventions passées par les autorités municipales, agissant en leur qualité et comme représentant les communes. »

de parler ici de contrats de droit public, parce qu'il « n'y a pas de contrats de droit public quand l'État, le département ou la commune agissent en qualité de puissance publique vis-à-vis des particuliers soumis à cette puissance publique[1] ».

Une telle conception repose sur un rapprochement exagéré entre les rapports qui existent entre l'entrepreneur qui a obtenu une concession sur le domaine public et la commune, et les rapports entre les fonctionnaires et l'administration[2]. Il est vrai que les fonctionnaires

1. RANELLETTI, *Teoria generale*, p. 104.
2. On fait souvent en effet le rapprochement entre le concessionnaire et le fonctionnaire. — V.: CAMMEO, *op. cit*, T. 55, p. 564; — LOENING, *op. cit*, § 53, p. 245; – HAURIOU, *Précis*, p. 636. – Mais il y a deux conceptions différentes sur la situation du fonctionnaire. Les uns analysent la situation du fonctionnaire, soit en un régime contractuel de droit privé (SEUFFERT, *Von dem Verhaeltnisse des Staats und der Diener des Staats gegeneinander im rechtlichen politischen Verstande*, § 15, p. 13), soit plutôt en un contrat de droit public. — (En ce sens: PERRIQUET, *Les contrats de l'État*, p. 435 et suiv. — DARESTE, *La justice administrative*, p. 372 — LABAND, *Staatsrecht*, I, p. 401 et suiv. — LOENING, *Verwaltungsrecht*. cit , § 25, p. 119 et suiv. — KLUEBER, *Oeffentliches Recht des deutschen Bundes*, § 492; — MOHL., *Wurttembergisches Staatsrecht*, II, p. 433: – SCHMITHENNER. *Buecher vom Staat*, III, p. 509 et suiv.; — SEYDEL., *Allgemeine Staatslehre*. p. 59 et suiv. , et en Italie, BONASI, *Della responsabilita*, nᵒˢ 363 et suiv. — ORLANDO, *Princip. di diritto amm.*, § 140 et suiv. — MEUCCI, *Diritto ammin.* p. 182-197. — D'autres auteurs, au contraire, enseignent que l'employé tient sa fonction d'un acte unilatéral de l'État, par cette raison que « les citoyens ont une *obligation générale* à assurer la fonction d'employés de l'État. » — En ce sens: GOENNER, *Der Staatsdienst*, etc., p. 93 et suiv. — ZORN, *Staatsrecht*, p 231. — MEYER, *Staatsrecht*, p. 363, en Italie, RANELLETTI, *Teoria generale*, cit. p. 104.

sont, eux aussi, concessionnaires de droits domaniaux de puissance publique, mais leur situation a seulement des apparences contrac-
tuelles ; en réalité, c'est une situation d'état [1].

L'entrepreneur de l'exploitation de services
communaux a, au contraire, ainsi que nous
l'avons démontré, une situation contractuelle,
non en tant que concessionnaire, mais en tant
que lié à la commune par un contrat ; et, tandis
que le fonctionnaire a une situation révocable
sans indemnité, le concessionnaire, par suite du
contrat adjoint à la concession, n'est sous le
coup que d'une révocation avec indemnité,
c'est-à-dire d'un rachat.

L'acte qu'accompagne la concession est donc
bien un contrat ; de plus, c'est un contrat administratif, d'abord parce qu'il est fait par la commune comme puissance publique, ce qui vient
d'être démontré, ensuite parce que ce contrat a
pour objet l'entreprise d'un travail public, ce
qu'il faut maintenant démontrer.

Ce qui caractérise le travail public, c'est sa
destination d'utilité publique : le fait que l'ouvrage, une fois le service public rendu, fait
retour à la commune ou reste la propriété de
l'entrepreneur, ce qui, nous l'avons dit, est l'exception, importe peu et n'enlève pas au travail

1. Cf. HAURIOU. *Précis*, p. 680.

son caractère de travail public. En outre, pour être public, le travail doit répondre à d'autres conditions, il peut être défini : tout travail accompli en vue d'un service public, consistant dans la création ou l'entretien d'un immeuble [1] pour le compte d'une personne administrative [2].

Il est aisé de prouver que l'entreprise de l'exploitation d'un service d'éclairage, de distribution d'eau, de transports en commun par tramways, de distribution de force motrice rentre bien dans les termes de cette définition [3].

1° Il y a d'abord entreprise de service public. On a démontré en effet, dans la première partie de ce travail, qu'il rentrait dans les attributions de la commune de pourvoir au développement du bien-être de ses habitants en créant des services publics. Le service de l'éclairage est un service public, non seulement en ce qui concerne l'éclairage public, mais aussi en tant qu'il s'agit de distribuer le gaz ou l'électricité

---

1. Argt. loi 28 pluviôse an VIII, art. 4. — HAURIOU, *Précis*, p. 762.

2. Toutes les personnes administratives ont, en effet, le droit de faire des opérations de travaux publics.—LAFERRIÈRE, *Jurisp. adm.*, T, II, p. 124. — HAURIOU, *Précis*, p. 762.

3. Au contraire, on ne peut considérer l'entrepreneur d'un service de transports par omnibus comme un entrepreneur de travaux publics; il manque en effet, dans ce cas, une condition essentielle du travail public : la *création d'un immeuble*.

aux particuliers[1] ; il en est de même des autres entreprises.

Si la commune exploitait elle-même ces entreprises, elle accomplirait donc un service public. Or, la nature de l'entreprise ne change pas parce que change l'entrepreneur, et la personne privée, individu ou société, à laquelle est confiée l'entreprise est bien l'entrepreneur d'un service public.

2° Il y a création ou entretien d'un immeuble. Création et entretien, dans le cas où le concessionnaire fait les travaux de canalisation ; entretien seulement si la commune a fait elle-même les travaux, et n'a pu, par suite, stipuler dans le cahier des charges que l'entretien de l'ouvrage déjà fait.

Il semble en effet admis unanimement aujourd'hui, après controverse, que les tuyaux sont des immeubles par nature[2]. L'article 523

1. Il est certain que l'éclairage public constitue un service public ; la commune ayant le droit de police, l'éclairage des rues est une suite nécessaire de ce droit de police. Mais l'éclairage privé, c'est-à-dire l'éclairage par distribution collective aux particuliers peut tout aussi bien être un service public ; puisqu'il faut une canalisation pour l'éclairage public, il est plus économique d'établir des branchements sur cette canalisation que d'en établir une autre : au reste, dit M. Hauriou (S. 94. 3. 2), « c'est favorable aux finances municipales, parce que le coût de l'éclairage public est moins élevé si le concessionnaire est chargé en même temps du service de l'éclairage privé. »

2. Cf.: BAUDRY-LACANTINERIE et CHAUVEAU, *Des biens*, p. 52, n° 54 ; — DEMOLOMBE, T. IX, p. 149. — AUBRY et RAU, T. II, § 164. — Cass., 18 juin 1891 (S. 91. 1. 488).

du C. civil ne parle, il est vrai, que des tuyaux servant à la canalisation des eaux, mais la jurisprudence a appliqué le même principe aux tuyaux pour la conduite du gaz [1].

Quant aux rails des tramways, on les a toujours considérés comme immeubles [2].

Sont également des immeubles par incorporation, les fils destinés à conduire l'électricité, une fois attachés au sol de la voie publique [3]. Le Conseil d'État l'a décidé formellement pour les lignes télégraphiques et téléphoniques, et les mêmes principes doivent s'appliquer par analogie aux fils destinés à l'éclairage électrique.

3° Le travail est fait pour le compte d'une personne administrative, la commune.

Peu importe, d'ailleurs, que les travaux de canalisation deviennent la propriété de la commune ou celle de l'entrepreneur. Dans ce dernier cas, en effet, bien que la personne administrative ne fasse autre chose qu'ordonner le travail, on peut dire cependant qu'il est fait pour

---

1. Cf. Limoges, 29 juin 1883 (S., 83. 2 205), et Cass., 9 mai 1887 (*Gaz. pal.*, 1887, 1. 103) : « Les conduites destinées à amener le gaz en dehors de l'usine, dans les voies publiques et privées, constituent des immeubles comme l'usine à gaz elle-même et le gazomètre qui en dépend. »

2. Les rails étant des immeubles par incorporation, il y a un puissant argument d'analogie pour décider, malgré la place qu'occupe l'art. 523 du Code civil, qu'il doit en être de même des tuyaux. Les uns et les autres sont en effet accrochés dans les mêmes conditions à la voie publique et font corps avec elle.

3. C. d'État, 1er mai 1891, *Siemans*.

son compte. Car ce travail répond à un service public qui sera exécuté par le concessionnaire pour le compte de la commune. Le travail est intimement lié au service public ; il est donc, comme celui-ci, fait pour le compte de la commune [1].

Qu'il y ait un travail exécuté pour le compte de la commune, ces expressions entendues dans un sens plus ou moins large, c'est ce qui résulte des termes mêmes des cahiers des charges qui, entre autres dispositions, obligent le concessionnaire, soit à exécuter les travaux nécessaires pour conduire l'eau, le gaz, etc., « sur le territoire de la commune et les mettre à la disposition des habitants », soit simplement à distribuer l'eau et le gaz aux habitants par une canalisation déjà construite, mais dont l'entretien sera à la charge du concessionnaire.

L'entrepreneur d'un service communal, jouissant d'un monopole de fait sur le domaine public, est donc bien un entrepreneur de tra-

---

1. C'est en ce sens qu'il faut entendre la définition de M. Aucoc, *Cours*, T. II, nº 741. — V. aussi : Christophle, *Traité des travaux publics*, T. I, nº 1, et Perriquet, *Traité*, T. I, nº 1 et suiv. — On ajoute parfois que, pour qu'il y ait travail public, il faut que ce travail ait été *ordonné* par une personne administrative (Cass., 25 fév. 93., D. 93. 2. 226) et précédé d'une déclaration d'utilité publique. Mais cette doctrine n'a pas été admise par le Conseil d'État (5 mai 1893. *Sommelet*. — 26 janvier 1891, *Lebreton*. — *Trib des confl.*, 26 mai 1891, *de Gastè*. Cette déclaration n'est pas, en effet, nécessitée directement par l'opération de travaux publics, mais par d'autres raisons (Hauriou, *Précis*, p. 764, note 1.)

vaux publics. Au surplus, cela résulterait, ainsi que le fait remarquer M. Hauriou, de la forme du traité qu'il a passé avec la commune : « C'est un cahier des charges rédigé de la même façon que les cahiers des charges de travaux publics, avec la même allure unilatérale, le même souci de déterminer surtout les obligations de l'entre-preneur [1]. »

Et ainsi nous avons démontré le principe que nous avons posé : l'acte qui est adjoint à la con-cession est un contrat de droit public, et ce con-trat a pour objet une opération de travaux pu-blics.

Or, dans le langage du droit administratif, il y a une expression technique pour désigner certains contrats ayant précisément pour objet un travail public : l'entreprise ou marché de tra-vaux publics est en effet, par définition, « un contrat par lequel un entrepreneur s'engage, en-vers une personne administrative, à exécuter l'ouvrage convenu moyennant un prix en argent, que celle-ci doit lui payer d'après des bases dé-terminées ».

L'entreprise d'un grand service communal rentre-t-elle dans cette définition ; est-ce un contrat de la nature juridique de celui-ci ou est-ce un contrat *sui generis?*

---

1. Note dans SIREY, 1894, 3. 2.

C'est un contrat *sui generis*, disent les auteurs, et ce contrat doit porter un nom spécial.

Non; c'est un contrat de même nature que le marché de travaux publics. Qu'est-ce en effet que la concession, c'est la rémunération de l'entreprise, c'est le prix. La commune peut faire deux choses : payer en argent directement à l'entrepreneur ; ou, si elle veut épargner ses finances, « battre monnaie avec ses droits de puissance publique », et en concéder l'exercice à l'entrepreneur.

Donc, pour l'entrepreneur, la concession *vaut de l'argent ;* c'est le paiement de son prix « d'après les bases fixées par le traité ». Donc aussi il y a seulement, dans les deux marchés que nous mettons en parallèle, l'un qui stipule le prix payable en argent, l'autre qui le stipule payable *en monnaie de puissance publique,* une différence dans la nature du prix.

Cette différence entraîne-t-elle une différence dans la nature des traités ; la nature du prix absorbe-t-elle la nature même du contrat ? Nullement. Il n'y a qu'un seul contrat, la vente, dont la nature juridique change quand change le prix. Un louage, au contraire, reste un louage, que le loyer ou fermage soit payable en argent ou en nature. Et il en est de même de tous les autres contrats.

Pour avoir méconnu ces principes, on a été

conduit à voir, dans le traité portant concession sur le domaine public pour l'entreprise d'un service communal et, plus généralement, pour tout traité ayant pour objet une opération de travaux publics rémunérés par une concession sur le domaine public, un contrat d'une nature juridique spéciale.

On a fait un contrat de la concession, alors qu'elle n'était que le prix stipulé dans ce contrat ; et, d'autre part, on a fait un contrat d'une nature spéciale de ce qui est un simple marché de travaux publics rémunérés, au moyen d'une concession du droit d'utiliser ces travaux.

C'est d'ailleurs, il faut bien le remarquer, la thèse admise par la jurisprudence. Pourquoi, en effet, déclare-t-elle, ainsi que nous allons le voir bientôt, que les contrats pour des entreprises de services publics, avec concession sur le domaine public communal, sont de la compétence administrative? Parce que ce sont des « *marchés de travaux publics* ».

Un seul auteur semble avoir échappé à la confusion entre le contrat et la concession, lorsqu'il dit: « On entend par concession, dans le langage administratif, l'attribution, à un individu ou à une association, du droit exclusif d'entreprendre un travail public ou de faire un service public déterminé, de se livrer à une exploitation soumise à l'agrément préalable de l'autorité ou de disposer d'une partie du domaine public »[1].

La concession est ainsi bien distinguée du contrat ; elle reste un acte unilatéral de la puissance publique. Et c'est seulement en maintenant cette distinction qu'on peut ne pas donner de la concession des définitions contradictoires dans leurs termes[2].

L'expression « traité de concession », si souvent employée, est donc inexacte ; du moins, il faut l'entendre en ce sens qu'il y a un contrat adjoint à une concession, et non un acte unique de nature contractuelle.

Vainement objecterait-on enfin que la concession engage bien la commune, par exemple, à ne pas accorder de concessions semblables à des entrepreneurs qui feraient concurrence au premier concessionnaire. Car la puissance publique est liée, non par la concession, mais par le traité auquel elle est adjointe. Or, la puissance publique peut se lier dans la mesure où cela est compatible avec l'intérêt public.

L'utilité publique et, dans notre matière, l'utilité communale, telle est la condition et la

1. BÉQUET, *Rép. de dr. adm.*, v° *Concession* et v° *Commune*, n° 3173.

2. Telle cette définition de M. Hauriou, qui cependant analyse mieux que les autres auteurs la nature de la concession : « La *concession* de travaux publics est un *contrat* par lequel une personne s'engage ..., moyennant une *concession*, etc. » (*Précis*, p. 782.)

mesure dans laquelle peut se lier envers une personne privée, la personne administrative.

Il résulte de ce principe les deux conséquences suivantes :

D'une part, la personne administrative peut s'engager à ne pas révoquer pendant un certain délai la concession, et, au bout de ce délai, à ne la révoquer qu'avec indemnité. En un mot, elle peut transformer son droit de révocation en faculté de rachat.

Cet engagement est valablement contracté par la commune ; il est, en effet, de l'intérêt bien entendu des communes que la concession dure un certain temps : c'est une garantie que l'entrepreneur exploitera utilement le service public.

Mais, d'autre part, la clause de rachat est essentielle au traité, parce que l'intérêt public peut exiger qu'on mette fin à une concession qui, si elle durait trop longtemps, lui causerait préjudice.

Ce ne sont là que les deux conséquences principales du principe ; nous en déduirons d'autres en étudiant les effets de la concession des monopoles communaux.

Il nous faut auparavant indiquer les conséquences de la nature juridique de la concession, telle que nous venons de la déterminer, ou, plus exactement, du marché d'entreprise pour

un service public communal emportant concession sur ce domaine public.

De ce que le marché d'entreprise d'un service communal a la nature du marché de travaux publics, résultent plusieurs conséquences :
1° Le contrat n'est pas une vente : d'abord,
parce que l'entrepreneur n'a, sur la dépendance
du domaine public communal, qu'un droit de
possession précaire, non un droit de propriété ;
ensuite, parce que le prix du contrat consiste,
non en argent, mais en monnaie de puissance
publique, en une concession [1].

2° Ce n'est pas davantage un bail : l'entrepreneur concessionnaire est en effet plus
qu'un fermier ; car, étant possesseur, il peut
intenter les actions possessoires contre les tiers
qui voudraient le troubler dans sa possession,
sans pouvoir invoquer eux-mêmes une concession [2].

3° Ce n'est pas non plus un contrat d'emphytéose ; car l'emphytéose est constituée moyen-

---

1. *Contra*, Batbie, *Traité de droit public et administratif*, T. VII,
p. 276, et aussi Cruveilhier, *Les concessions d'éclairage; — Revue
gén. d'adm.*, 1893. p. 13.

2. Cf. Hauriou, *Précis*, p. 674. — *Contra :* Baudry-Lacantinerie
et Wahl, *Du louage*, II, n° 2052, p. 470 ; — Paris, 19 février 1830 ; -
sous. Cass. req., 18 novembre 1890 (S. 92, 1, 553) ; — C. de préfecture du Cher, 4 mai 1895, *Bourges* (Garn. II, 90, et *Rev. gén.
d'adm.*, 1896, p. 212), qui parle d'un « contrat synallagmatique avec
stipulation pour autrui. »

nant une redevance annuelle, qui n'existe pas, nécessairement dans le contrat qui nous occupe[1].

4° Ce n'est pas un contrat de société. On aurait tort de conclure à un contrat de société de ce que, dans le cahier des charges, la commune a stipulé la participation aux bénéfices; car il manque l'élément essentiel au contrat de société: l'*affectio societatis*.

La jurisprudence administrative a tiré de ce principe que la commune n'est pas l'associée de l'entrepreneur, cette conséquence intéressante que la commune n'avait pas qualité pour contrôler les livres de la société pour l'éclairage au gaz, afin d'assurer l'entière exécution du traité[2].

5° Enfin, dernière conséquence très importante, les traités dont nous parlons, étant des marchés de travaux publics, sont de la compétence de la juridiction administrative.

La jurisprudence du Conseil d'État et de la Cour de cassation sont d'accord sur ce point: de nombreux arrêts décident que les entreprises dont il s'agit tombent sous la loi du 28 pluviôse an VIII[3].

1. BATBIE, p. 276.

2. C. préf. Seine, 16 février 1887, *Commune de Montreuil* (GARN., 1, 256).

3. V. en ce sens: *Entreprises d'éclairage au gaz ou à l'électricité*, C. préfecture Côte-d'Or, 4 mars 1887, *Ville de Dijon* (GARN.,

On a cependant cherché à soustraire en partie l'interprétation des marchés pour l'éclairage au gaz ou pour la distribution d'eau à la juridiction administrative. Pour cela deux procédés ont été employés.

L'entrepreneur, disent les uns [1], est à la fois entrepreneur de travaux publics et entrepreneur de fournitures : le gaz, l'eau, etc. Donc, pour ce qui concerne la canalisation et la pose des tuyaux, le traité est un marché de travaux publics, soumis à la compétence administrative ; mais, les travaux terminés, le traité n'est plus qu'un marché de fournitures, et la compétence du conseil de préfecture prend fin.

D'autres ont prétendu que d'un marché de distribution d'eau ou de gaz, on pouvait détacher

1, 108) ; C. préf. Pyrénées-Orientales, 28 novembre 1831 (G. 1:, 264) ; C. d'État, 15 février 1848, *Compagnie de Saint-Étienne* (G. 1, 152, — S. 48, 2, 329) ; — 21 juin 1855, *Rive-de-Gier* (s. 56, 2, 64, — D. 56, 3, 15) ; — 27 mars 1856 (GARN. 1, 144, — D. 56, 3, 52 ; S. 57, 2, 232) ; — 18 juin 1860 (G. 1, 234) ; — 20 mars 1862, *Compagnie grenobloise* ((G. 1, 148) ; — 27 nov. 1874, *Compagnie Châlons-sur-Marne* (G. 1, 174) ; 5 juin 1874, *La Ferté-sous-Jouarre* (G. 1, 385) ; — 16 déc. 1876 (G. 1, 237) ; — 14 nov. 1879, *Ville d'Arles*, 1, 80 ; — 5 août 1892, *Lempérière* (G. 1, 363) ; — 9 mars 1891, *Daubard* (G. 1, 381) ; — 28 déc. 1894 (S. 97, 3, 11) ; — Cassation, 2 mars 1880 (S. 81, 1, 20 ; D. 80, 1, 230) ; — 29 nov. 1881 (S. 83, 1, 448 ; D. 84, 1, 81) ; — 8 août 1883 (S. 84, 1, 267 ; D. 84, 1, 81) ; 24 juillet 1867 (S. 67, 1, 395 ; D. 68, 1, 33) ; — 2 mars 1891 (S. 91, 1, 108) ; — 15 nov. 1877 (*Rev. gén. d'adm.*, 1898, 1, 51).

Eau : C. d'État, 30 janvier 1868 (Rec. 68. p. 125 ; FOULD et les arrêts cités par Copper-Royer ; — *Des sociétés de distribution d'eau*, p. 160 et suiv.). et Trib. des conflits, 22 mars 1890 (S. 92, 3, 90).

Tramways : C. préf. Bouches-du-Rhône, 31 mars 1878 (Dauv. 1878).

1. BATBIE, *op. cit*, T. VII, p. 284.

les clauses relatives à un partage de bénéfices entre la commune et l'entrepreneur concessionnaire, et porter les litiges auxquels ces clauses donnaient lieu devant les tribunaux judiciaires.

Accueillies d'abord par la jurisprudence [1], ces prétentions ont été finalement rejetées, tant par le Tribunal des conflits que par le Conseil d'État et la Cour de cassation.

Nous avons déjà remarqué en effet que, pour qu'il y ait opération de travaux publics, il suffit qu'on entretienne un ouvrage créé ; la compétence administrative ne cesse donc pas quand est terminée la construction ; elle demeure, au contraire, puisque l'entrepreneur concessionnaire est tenu de l'entretenir, puisqu'il continue une opération de travaux publics.

Il est bien vrai qu'il y a fourniture d'eau ou de gaz et, partant, marché de fourniture ; mais cette fourniture est l'accessoire du traité, le principal est la canalisation. Bien plus, en admettant même que, dans le traité, la fourniture et la canalisation vont de pair, il ne s'ensuit pas que tout ce qui concerne la fourniture est de la com-

---

1. C. d'État, 20 mars 1862, *Compagnie grenobloise*. — Cass rej. 24 juillet 1867. — Comp.: LAFERRIÈRE, *Juridict. adm.*, 2ᵉ édit., T. II, p. 124. — Mais, le 16 déc. 1876, le Trib. des conflits décide que le conseil de préfecture est compétent : « Considérant que cette disposition (art. 4. loi 28 pluviôse an VIII) est générale ; qu'elle attribue compétence de la juridiction administrative *à l'égard de toutes les contestations qui peuvent naître à l'occasion des marchés de travaux publics.* » — Cf. Cass., 2 mars 1860, *Union des gaz.*

pétence judiciaire. Il est, en effet, un principe fondamental en matière de travaux publics : toutes les fois que le travail public est uni à un autre élément par un *lien indivisible*, l'élément de travail public entraîne la compétence judiciaire pour toute l'opération.

Ce principe permet de répondre à la fois aux deux thèses qui prétendent diviser les clauses des marchés d'entreprise d'éclairage au gaz et de distribution d'eau, et soumettre les unes au conseil de préfecture, les autres aux tribunaux judiciaires.

Oui, certes, il y a dans ces marchés à la fois travail public, entreprise de fourniture et intérêt purement pécuniaire, dans le cas où il y a partage de bénéfices stipulé par la commune, mais le tout forme une opération indivisible dont le contentieux est dévolu au conseil de préfecture [1].

De ce principe du lien indivisible, il faut rapprocher un autre principe dégagé par la jurisprudence et qui découle de la même idée : l'opération de travaux publics prend une individualité spéciale, elle entraîne à soi tous les faits qui gravitent autour d'elle, et les soumet à la compétence administrative.

Ce principe, appelé *principe de l'individualité*

1. V.: HAURIOU, *Précis*, p. 761 ; — Note dans S., 93, 3, 81 ; — LAFERRIÈRE, *op. cit.*, T. II, p. 123.

de l'ouvrage public, et dont *le principe du lien indivisible* est en quelque sorte le dérivé, est fécond en applications dans la matière des marchés d'entreprises de service d'éclairage, de distribution d'eau ou de transport[1].

Le contentieux administratif est donc très étendu : d'une façon générale, il englobe toutes les contestations entre la commune et l'entrepreneur concessionnaire sur toutes les clauses du traité et sur toutes les difficultés qui naissent à propos du travail public ; la compétence judiciaire connaît, au contraire, des litiges entre l'entrepreneur concessionnaire et les tiers, et de ceux-ci seulement.

Ainsi se trouve déterminée la nature juridique du marché d'entreprise d'un service communal (eau, éclairage, transport): c'est un marché de travaux publics, rétribués au moyen d'une concession faite à l'entrepreneur du droit de les utiliser en percevant une taxe sur les particuliers.

Il faut maintenant indiquer les conditions de formation d'un tel marché : 1° par qui il doit être fait, 2° pour combien de temps.

---

1. Comp., sur ce principe: la note dans S., 93, 3, 81 ; — C. d'État, 9 mars 1894 (Daubard, S. 95, 3, 105 et la note); — LAFERRIÈRE, T. II, p. 160 et suiv.

CHAPITRE III

§ Ier

Le principe est le suivant : chaque personne publique a seule le droit d'accorder des concessions sur son domaine public. Sa capacité de concéder est limitée à son domaine public ; elle ne peut empiéter sur les droits de domaine public des autres personnes administratives.

Il résulte de ce principe que la commune peut faire des concessions sur les voies qui dépendent du domaine public communal, non sur celles qui dépendent du domaine public départemental ou national.

Qui a la capacité nécessaire pour faire ces concessions, le maire ou bien le conseil municipal ?

Il faut, pour répondre à cette question, se rappeler que les concessions d'où résulte un monopole de fait au profit du concessionnaire, ne sont pas matières de police, mais matières domaniales. Elles ne peuvent donc être accordécs par l'organe exécutif, c'est-à-dire par le maire, en vertu de ses pouvoirs de police, mais seulement par l'organe délibérant, c'est-à-dire par le conseil municipal.

Cette théorie a été appliquée par le Conseil d'État en matière de transports et d'éclairage [1], elle a été adoptée par la loi du 11 juin 1880 sur les tramways [2], et elle paraît bien confirmée par l'art. 115 de la loi municipale de 1884.

1. *Éclairage.* — Cass., req. 8 août 1833. — V. BÉQUET, rép., v° *Commune*, n° 1476, note 1. — Mais le maire peut accorder des permissions de placer des canalisations dans un intérêt de police et sans constituer un monopole (C. d'État, 2 mai 1861, *Gaz. de Londres*, c. *Ville de Marseille*, Rec. 1861, p. 310. — 15 juin 1864, *Ployer*, Rec. 1874, p 569. — 14 janvier 1865, *Ville de Marseille*. Rec. 1865, p 57. — 10 juillet 1893, *Colette*, c. *Ville de Sedan*. — GARNIER et DAUVERT, *op cit*, II. p. 40, d'après lequel un maire qui, par un arrêté, rapporte un précédent arrêté autorisant un entrepreneur à placer sur les dépendances de la voirie communale des fils pour la distribution de la lumière électrique ou de la force motrice, ne commet pas un excès de pouvoir, parce qu'il agit dans la limite de ses pouvoirs de police.

Omnibus. — C. d'État, 15 fév. 1864, *Lesbats* ; 1er août 1870, *Bouchardon*, lesquels déclarent que l'arrêté de police d'un maire sur le stationnement des voitures d'où résulterait un monopole pour une entreprise d'omnibus, serait entaché d'excès de pouvoir. — BÉQUET, *Rép.*, v° *Commune*, n° 1523. — Cassation, 24 fév. 1858 (D. 53. 1. 258) et le rapport de M. le conseiller Férey et les arrêts cités). — Mais le maire peut, dans l'intérêt unique de la circulation, interdire à un entrepreneur de laisser stationner ses voitures sur les rues. — C. d'État, 19 mai 1865. — 2 août 1870. — V. BÉQUET, *Rép.*, v° *Commune*, n° 1528, note 2. — C. d'État. 7 décembre 1888. (V. les conclusions de M. Gauwain dans cette affaire, dans *Rev. gén. d'adm.* 1889. 1. 63.) — V. aussi C. d'État, 23 nov. 1890. (Rec. 875.; D. 92. 3. 48).

2. C'est le conseil municipal qui accorde la concession lorsque la voie ferrée est établie entièrement sur le territoire de la commune. (Art. 27)

De cet article il résulte que les concessions
qui créent un monopole de fait doivent être
votées par le conseil municipal. Il faut en
outre l'approbation par le préfet ou par décret,
dans le cas où la concession est faite par une
commune ayant trois millions de revenus ordinaires et au delà[1]. Les explications données
lors de la discussion de la loi permettent d'affirmer que ces règles s'appliquent à toute concession créant un monopole de fait au profit de
l'entrepreneur : entreprises de distribution de
lumière, d'eau, de force motrice[2].

Mais il est rare que le concessionnaire d'un
service public n'ait à se servir que des voies
communales ; le plus souvent il devra faire
passer les canalisations, les fils conducteurs de
l'électricité ou les rails à la fois sur les voies
communales, départementales et nationales.
Faut-il quand même appliquer le principe que
nous avons posé, et dire que le conseil municipal ne peut accorder une permission de voirie
conférant un monopole sur les voies nationales
et départementales?

Oui évidemment : en décider autrement, c'est

1. Mais, pour rendre ce décret, il n'est pas besoin de prendre
l'avis du Conseil d'État, (Circ. min., 15 mai 1884. *Bull. min. int.*
1884, p 276 , sauf en ce qui concerne la ville de Paris. (Cf. DALLOZ,
Lois polit. et adm., v° *Conseil d'État*, n° 1009.)

2. V. Journal officiel 1884. — Déb. parlem., Sénat, p. 662-663. —
MORGAND ,*La loi municipale*, T. II, p. 102.

réduire à néant la distinction fondamentale des
trois domaines publics ; c'est, en permettant au
maire d'empiéter sur les attributions du préfet,
restreindre les droits de domaine public du
département au profit de la commune ; c'est, en
un mot, laisser le département ou l'État abandonner une partie de leurs droits de puissance
publique à la commune. Or, les droits de puissance publique ne peuvent pas être abandonnés.

Aussi le Conseil d'État et la Cour de cassa-
cation[1] avaient-ils limité la capacité de la commune de concéder un monopole de fait, aux
voies dépendant du domaine public communal
seulement. Pour les tramways, la loi du 11 juin
1880 semble être partie de cette idée que, lorsque le droit de domaine public communal est
en concours avec le droit de domaine public
départemental ou national, il doit leur céder le
pas (art. 27), et donne une solution en contra-

---

1. *Eaux*. — C. d'État, 17 nov. 1882, *Ville de Courbevoie* (Rec.
p. 838 et suiv. et rapport Marguerie S. 1884, 3. 58 ; - D. 84.3.17).
Pand. fr., *Rép..* v° *Concession administ.*, n° 143. — HÉRARD et
SIREY, *Les canalisations d'éclairage électrique*, p. 80. — « Considérant, dit l'arrêt,... que l'autorité départementale a *seule* le droit
d'autoriser l'établissement de conduites d'eau sous le sol des voies
nationales et départementales, etc. — Cass., 25 juillet 1882 (HÉRARD
et SIREY, p. 80).

Gaz. — C. d'État, 22 juin 1888, *Ville de Tullins* (Rec. p. 544 ;
GARNIER, I, 149 ; HÉRARD, p. 316. *Rev. gén. d'adm* 1889, 1.
315). — Cass., 8 août 1883 (S. 1884, 1. 267 ; P. 1884. 61. 59 ;
HÉRARD, p. 78.) — V. aussi, dans l'arrêt du 26 déc. 1890, l'art. 3, § 2
(S. 1894. 3. 1;) — HÉRARD, p. 339 et les conclusions de M. Vala-
brègue, *in fine*).

diction formelle avec le principe que nous avons posé.

La jurisprudence du Conseil d'État et de la Cour de cassation est au contraire exacte. Elle aboutit notamment à la conséquence suivante : une commune ne peut accorder un monopole pour la distribution de l'eau ou du gaz que sur le domaine de la petite voirie ; elle ne peut s'engager à n'autoriser aucun établissement pouvant faire concurrence au concessionnaire que relativement à cette voirie, qui seule fait partie du domaine public municipal. Si donc une concession a été accordée par le préfet sur les routes départementales ou nationales, la commune ne peut être déclarée responsable envers son concessionnaire du préjudice qui lui est causé par cette concurrence [1].

Cette conséquence de la jurisprudence a amené la ruine de tout le système. Si l'action de la commune, en ce qui concerne la concession du privilège de canaliser les voies qui traversent la commune, est limitée aux seules voies du domaine public communal, le monopole concédé est fortement atteint.

La voie nationale ou départementale est souvent, surtout dans les petites villes, la plus habitée, celle par conséquent où un service de

---

1. C'est ce qui est formellement dit dans l'arrêt du 22 juin 1888.

distribution d'eau ou de lumière est le plus rémunérateur. Or, comme la concession faite par la commune l'a laissée libre, un autre entrèpreneur peut obtenir du préfet l'autorisation de canaliser la route nationale ou départementale, et faire ainsi concurrence au concessionnaire de la commune.

C'est en effet ce qui s'est produit, avec l'appui du Conseil d'État et de la Cour de cassation [1].

Mais, dès 1882, le gouvernement, à raison sans doute des conflits qui s'élevaient entre les municipalités et l'administration supérieure au sujet des concessions d'eau ou de lumière, cherchait à arrêter cette jurisprudence. Dans une circulaire du 22 juin 1882, le ministre des travaux publics, tout en reconnaissant que, « en concédant un monopole d'éclairage ou de distribution d'eau, les villes ne peuvent engager que leurs droits, et que le privilège accordé ne s'étend pas au domaine de la grande voirie », recommandait aux préfets d'agir « avec la plus grande circonspection dans ces sortes d'affaires », à cause des inconvénients qui résultaient de la concurrence.

A la suite de nouvelles circulaires du 18 avril

1. Comp.: HAURIOU, note dans S., 94. 1. 3, et *Revue de droit public*, T. 1, *Dangers des monopoles de fait*, p. 81 et suiv.

1888 et du 18 octobre 1889[1], qui recommandaient aux préfets « de ne pas créer, dans l'intérieur d'une même ville, un régime pour la grande voirie différent du régime de la voirie urbaine », circulaires rendues à une époque où les entreprises d'éclairage électrique commençaient à se développer, la concurrence devint plus difficile.

Les préfets, en effet, prirent le parti de n'accorder des permissions de canaliser les routes nationales ou départementales que sur avis conforme des municipalités. Or, en donnant cet avis, la municipalité eût favorisé la concurrence au concessionnaire, entamé le monopole qu'elle s'était obligée à fournir et, par là même, engagé sa responsabilité. Aussi y eut-il un arrêt dans le développement des entreprises d'éclairage électrique. Elles demandèrent à l'administration de revenir sur sa circulaire.

Mais leurs doléances ne furent pas écoutées; car, à la suite d'un avis conforme du Conseil d'État du 27 juin 1893[2], une circulaire des Mi-

---

1. Rapportée dans HÉRARD et SIREY, p. 14 et suiv. — Elle est uniquement relative à la distribution de la lumière électrique, soit par canalisations souterraines, soit par conducteurs aériens.

2. Cet avis répondait affirmativement à la question suivante, posée au Conseil d'État par les ministres ; « Le corps municipal est-il exclusivement compétent pour accorder une concession de distribution d'eau ou de lumière, suivant les conditions d'un tarif et d'un cahier des charges, pour toutes les voies publiques du territoire communal, *même pour celles de la grande voirie*, étant entendu que le cahier des charges subordonne l'exécution des travaux sur la grande voirie à la permission du préfet ? »

nistres de l'intérieur et des travaux publics du 15 août 1893[1], fixant les règles à suivre « pour l'établissement et l'exploitation des canalisations souterraines ou des conducteurs aériens sur les voies publiques, s'inspirait de la pratique suivie par les préfets depuis la circulaire de 1889. Elle décidait que « le corps municipal est exclusivement compétent pour accorder une concession de distribution d'eau ou de lumière, suivant les conditions d'un tarif ou d'un cahier des charges, pour toutes les voies publiques du territoire communal, *même pour celles de la grande voirie*. » Cependant, l'exécution des travaux de canalisation sur les routes nationales et départementales reste subordonnée à la permission du préfet, permission qui est donnée par lui à la commune représentée par le maire, et non à l'entrepreneur du service.

L'avis du Conseil d'État a permis de préciser la distinction entre les *permissions de voirie* et les *concessions*. Cette distinction, au point de vue spécial des compétences, est présentée dans les termes suivants par la circulaire du 15 août 1893 :

« Les *permissions de voirie* sont délivrées par l'autorité qui administre les voies auxquelles elles s'appliquent. La compétence résulte du

----

1. V. cette circulaire dans la *Rev. gén. d'adm.*, 1893. 3. 306. — Hérard et Sirey, p. 21.

classement de ces *voies*. Les contrats de concession, au contraire, relèvent de l'autorité dans les attributions de laquelle sont placés, à raison de leur nature, les services qui font l'objet de ces concessions, quelle que soit la catégorie de voie publique à emprunter. *La compétence résulte ici de la nature des services.* »

En un mot, la commune peut concéder un service communal, même sur les voies qui sont administrées par une autre autorité ; mais l'efficacité de la concession est subordonnée, en ce qui concerne ces voies, à une permission de voirie délivrée par l'autorité compétente.

Mais cet avis du Conseil d'État, qui a précédé et motivé la circulaire du 15 août 1893, est, quoi qu'on en ait dit [1], en contradiction avec sa jurisprudence antérieure. Ce revirement répond, en réalité, à une tendance générale du Conseil d'État à exagérer et à étendre de tous côtés le monopole des concessionnaires de grands ser-

---

1. MM. Hérard et Sirey prétendent, en effet (p. 84), que, par cet avis, le Conseil d'État n'a pas changé sa jurisprudence, parce que, si les engagements pris par les communes envers les concessionnaires n'étaient valables que sur la voirie communale, cela tenait à l'impossibilité de fait où elles étaient d'accorder une autorisation sur la grande voirie, non à une incompétence *ratione materiæ*. Nous croyons, au contraire, qu'il y avait une véritable impossibilité de droit, la commune n'ayant pas le droit d'empiéter sur le droit de domaine public national ou départemental. Il y a donc bien de la part du Conseil changement dans sa jurisprudence, changement qui se comprend d'ailleurs, étant donnée sa tendance à exagérer, sous d'autres rapports, les monopoles communaux dont il s'agit.

vices communaux. Les différents résultats de cette tendance seront étudiés en bloc dans le chapitre IV. Il nous sera alors plus aisé de montrer tout ce qu'il y a de critiquable dans la circulaire de 1893, qui vient aggraver les effets du monopole de fait des concessionnaires [1].

Ajoutons enfin que le monopole de fait concédé comprend parfois l'exécution de travaux pour lesquels il faut une autorisation spéciale.

C'est ainsi que la concession du service d'é-

1. M. Toutain (*Concession de l'éclairage au gaz dans les villes, Rev. gén. d'admin.* 1882, p. 267) soutient que les communes peuvent faire des concessions même sur les routes départementales et nationales qui traversent le territoire de la commune, parce que ces routes ont un caractère mixte, leur administration étant confiée tout à la fois à l'autorité supérieure qui personnifie l'État, et à l'autorité qui représente l'intérêt communal. Or, dans le cas de concessions pour l'éclairage, « l'intérêt général est étranger à la route comme élément de grande voirie, et, tout au contraire, il est applicable à la rue comme élément de la voirie urbaine »... L'éclairage considéré en lui-même, « est un accessoire et, en quelque sorte, un apanage de l'administration des voies publiques formant l'ensemble de la ville. » Outre ce que nous avons dit au texte à l'encontre de cette thèse, remarquons encore qu'il est difficile d'admettre que l'éclairage est un apanage de l'administration de la commune, puisque la jurisprudence administrative déclare contraventions de grande voirie, de la compétence des Conseils de préfecture, les contraventions commises précisément à l'occasion de l'installation de tuyaux ou de fils électriques pour l'éclairage public sur les routes départementales et nationales. — (V.: C. d'État, 13 nov. 1891, *Cocuellet* (Garn. i, 70); — C. préf. Cher, 13 juillet 1891, *Préfet du Cher*; (Hérard, p. 147); — C. d'État, 3 fév. 1893, *Min. trav. pub* (Garn., i. 185); — C. d'État, 25 mars 1892, *Parent* (Garn., i, 249); — C. d'État, 25 fév. 1864, *Compagnie parisienne* (Garn i, 266); — C. d'État, 13 déc. 1895, *Margueritat* (Garn. ii, 96); — C. d'État, 20 avril 1891, *Bruaudet* (Garn. ii, 100.; — C. d'État, 28 déc. 1894, *Min. trav. pub.* (Garn. ii. 161).

clairage au gaz nécessite la construction de gazomètres; or, les gazomètres sont des établissements insalubres de deuxième classe qui, par conséquent, doivent être autorisés par arrêté préfectoral. Le principe est consacré par de nombreuses décisions du Conseil d'État[1].

De même, le concessionnaire d'une distribution d'eau peut, pour exploiter ce service, être obligé de prendre l'eau dans un fleuve ou dans une rivière et d'amener cette eau, au moyen de machines élévatoires, dans les canalisations. Il lui faut alors l'autorisaion du préfet. (Arrêté du 19 ventôse an VII, décret du 25 mars 1852.) S'il s'agit de cours d'eau faisant partie du domaine public, le préfet doit, avant de rendre son arrêté, prendre l'avis des ingénieurs de la navigation, du directeur des contributions indirectes et, pour le département de la Seine, du préfet de police.

1. Cons. d'État, 10 sept. 1823, *Guyot* (Rec. Garnier, I, p. 261). — 25 juillet 1834, *Malteau* (Garnier, I. p. 436).— 2 août 1836, *Leboiteux* (Garnier, I, p. 438). — 3 mai 1839, *Ridoux* (G. I, p. 220). — 2 août 1840, *Imprimerie royale* (G. I, p. 262). — 15 décembre 1842, *Blanchard* (G. I, p. 130). — 18 juin 1846, *Saget* (G. I, p. 132). — 30 mars 1854, *Trianon* (G. I, p 262). — 22 janvier 1857, *Société d'éclairage* (G. I, p. 263). — 28 juillet 1859, *Ménard* (G. I, p. 7). — 3 décembre 1875, *Six* (G. I, p. 191).— 27 août 1878, *Delacourcelle* (G. I, p. 891. — 4 avril 1879, *Bornibus* (G. I, p. 425).— 8 août 1882, *Leblanc* (G. I, p. 9 et 841). — 5 janvier 1883. *Compagnie parisienne d'éclairage* (G. I, p. 268). — 4 mai 1883, *Compagnie anonyme du gaz de Bayonne* (G. I, p. 231). — 25 nov. 1887, *Gaz de Lyon* (G. I, p. 240 et 241). — 3 juillet 1895, *Chalons* (G. II, p. 294).— 27 mars 1896, *Bouis* (G. II, p. 68).

Si la prise d'eau, eu égard au volume du cours d'eau, est de nature à en altérer le régime, ou bien si elle est faite sur des canaux de navigation, l'autorisation doit résulter d'un décret du Conseil d'État.

Depuis la loi du 16 juillet 1840, ces autorisations sont accordées moyennant une redevance, payable par trimestre et d'avance à la caisse du receveur des contributions indirectes de la localité (décret du 25 mars 1863), et qui ne cesse d'être due qu'après exonération prononcée par le préfet. (Circ. du ministre des finances du 19 novembre 1890.)

§ 2

CONDITIONS DE DURÉE DU MONOPOLE.

Il résulte de la nature juridique des concessions sur le domaine public qu'elles sont essentiellement temporaires. Leur durée maxima est de 99 ans ; leur durée normale est de 30 à 40 ans [1].

Le cahier des charges indique, en règle générale, à partir de quel moment on compte le

---

1. La loi municipale de 1884, art. 115, paraît bien considérer la durée de 30 ans comme la durée normale. Pour les tramways, les concessions sont ordinairement de 40 ans. (V. GUILLAUME, *Rev. gén. d'adm.*, 1884, 1, 129 et 257.)

délai. C'est ou bien du jour de la signature du traité, ou du jour de son approbation par l'autorité supérieure, ou du jour de l'inauguration du service. Si le cahier des charges est muet, il faut décider que le délai court du jour de l'approbation du traité de concession par l'autorité supérieure; car c'est à partir de ce moment que le contrat est parfait.

La durée qu'il convient de donner aux concessions est diversement appréciée, les uns demandant des concessions aussi longues que possible, les autres des concessions de très courte durée.

En faveur des concessions de longue durée, on fait valoir des intérêts multiples[1] : intérêt des concessionnaires, qui entreprendront plus volontiers des services communaux, si leurs bénéfices sont garantis par une longue concession; intérêt des capitalistes, qui veulent s'assurer pour longtemps un revenu de leurs capitaux; intérêt des ouvriers, puisque les entrepreneurs, pouvant développer davantage leur commerce, auront plus de travail à donner; intérêt du consommateur enfin, qui ne pourra compter sur une diminution sensible du prix de

---

1. V. en ce sens: P. Leroy-Beaulieu, dans l'*Éconon.franç.* 1897, 2, 793 et suiv., et l'*État moderne et ses fonctions*, p. 240; — *Écon. franç.*, 1881, 1, 61, et 1884, 2, 157, et divers articles de l'*Écon. franç.*, 1885, 1, 801 ; — 1881, 2, 727; — 1882, 2, 557 ;— 1881, 1, 196.

l'éclairage que si la concession est de longue durée.

C'est sur ce dernier point notamment qu'a porté tout l'effort de la Compagnie parisienne d'éclairage et de chauffage par le gaz. Elle mettait comme condition de l'abaissement du prix du gaz la prolongation de sa concession, qui expire en 1905, pour une durée de 40 ans, prétention qui, après de vifs débats, fut repoussée par le conseil municipal de Paris[1]. Et il faut aussi expliquer, dit-on, par la trop courte durée des concessions le peu de développement de l'électricité comme éclairage et comme force motrice[2], et son prix très élevé par rapport au prix qu'elle coûte en Allemagne, par exemple, où les concessions ont une durée double ou triple des nôtres[3].

1. M. Leroy-Beaulieu appuyait de son autorité cette prétention. D'après lui (l'*État moderne*, p. 240), si on avait prolongé la concession, les Parisiens ne paieraient plus le gaz aujourd'hui que 21 ou 22 centimes, au lieu de 30 centimes. Or, comme on consomme 200 millions de mètres cubes de gaz (3/4 pour les particuliers, 1/4 pour la ville), le refus du conseil municipal de prolonger la concession fait perdre aux habitants et à la ville 18 à 20 millions par an, perte qui se prolongera jusqu'en 1905.

2. LEROY-BEAULIEU, *Écon. fr.*, 1897, 2, 795.

3. M. LEROY-BEAULIEU, *Écon. fr.*, 1897, 2, 829 et suiv., invoque l'exemple de quelques sociétés allemandes et anglaises, qui font payer l'électricité 40 °/₀ moins cher qu'en France ; à Berlin, par exemple, elle coûte 7 cent. 1/2 par hectowatt-heure pour l'éclairage, et 2 cent. 1/2 pour la force motrice. Il attribue ce prix à ce que ces sociétés ont, au lieu d'une concession de 18 ans, comme en France, des concessions de 30 ans pour Berlin et de 42 ans pour Londres. (*Statist.* du 18 déc. 1897.)

Nous croyons, au contraire, que les concessions de longue durée sont très critiquables et très dangereuses. On peut remarquer, d'abord qu'il n'y a pas à mettre en avant l'intérêt des concessionnaires : ceux-ci agissent dans un but de spéculation, et demandent naturellement le plus de garanties possible pour assurer leurs bénéfices[1].

Mais surtout il ne faut pas accueillir cette thèse que la diminution du prix de vente n'est possible que si la concession est très longue. On a démontré en effet que, par suite de la diminution du prix de revient, les bénéfices des entrepreneurs d'éclairage au gaz avaient augmenté[2]; or, cela suffit pour que le prix de vente soit abaissé. Le prix du gaz, dans la plupart des villes de France ou de l'étranger, qui est moitié moindre qu'à Paris, bien qu'elles aient

---

1. Comp. Hauriou, Dangers des monopoles de fait établis par occupation de la voie publique. (*Rev. de droit public*, i, p. 79 et 86.)

2. Ainsi, à Paris, le bénéfice par mètre cube, qui était, en 1856, de fr. 0,097.29, est monté, en 1881, à 0.192,53 (*Écon. fr.* 1882, 2, 140). Il est vrai que l'on a prétendu, d'autre part (M. Muller, *Écon. fr.*, 1892, 1, 199), que depuis quelques années, la baisse du prix des sous-produits a diminué beaucoup les bénéfices. Autrefois, ces sous-produits rapportaient 80 % de leur valeur; mais, depuis une dizaine d'années, le goudron est vendu à vil prix, et le prix du sulfate d'ammoniaque, préparé avec les eaux ammoniacales des usines, est tombé de 45 fr. à 28 fr., par suite de la concurrence que lui fait le nitrate de soude du Chili. Ceci est vrai, mais cette baisse des sous-produits ne peut empêcher d'abaisser les prix; elle se produit également à l'étranger, et cependant on y paie le gaz moins cher qu'en France.

des concessions souvent plus courtes, le prouve surabondamment.

On comprendra plus tard, après l'étude des difficultés entre les concessionnaires d'éclairage électrique et les municipalités, quel obstacle les concessions longues mettent au perfectionnement de l'éclairage, et combien on a raison de n'accorder aux compagnies, pour l'éclairage électrique, que de courtes concessions.

Si enfin on est partisan de la municipalisation des grands services communaux, l'on doit être partisan des concessions de courte durée, puisqu'elles permettront plus facilement aux municipalités de prendre l'exploitation de ces services à un moment opportun, chose presque impossible sous le régime des concessions de longue durée, ainsi que va le prouver l'étude, à laquelle nous arrivons maintenant, des effets des monopoles communaux.

CHAPITRE IV

EFFETS DE LA CONCESSION.

Pour étudier les effets des monopoles communaux résultant de concessions sur le domaine public, il faut avoir toujours en vue le principe suivant, qui se dégage des développements donnés sur la nature juridique des marchés d'entreprises de services communaux : ces entreprises constituent des marchés de travaux publics, dans lesquels la commune se lie comme puissance publique, et cède à l'entrepreneur, à titre de paiement, certains droits de puissance publique.

Pour suivre un ordre logique dans cette étude, on peut envisager ces entreprises à trois moments successifs : au moment de l'exécution des travaux, au moment de l'exploitation du service, enfin au moment de l'expiration de la concession.

Chacune de ces périodes distinctes sera l'objet d'une section spéciale. Il est bien entendu, d'ailleurs, que nous n'entrerons pas dans les nombreuses questions que soulève l'interprétation des traités ; notre but est simplement ici de poser les principes qui doivent servir à les résoudre. D'autre part, pour que cette étude continue de former un tout, nous examinerons seulement les questions communes aux monopoles communaux que nous avons choisis.

§ Ier

PÉRIODE D'EXÉCUTION DES TRAVAUX.

A l'occasion de l'exécution des travaux, l'entrepreneur et la commune peuvent exercer certains droits, et sont tenus à des obligations.

Nous étudierons d'abord les droits et obligations de l'entrepreneur, puis les droits et obligations de la commune.

I. — *Droits de l'entrepreneur*.

A.— *Droits contre la commune.* — Les seuls droits que l'entrepreneur ait contre la commune, relativement à l'exécution des travaux, sont des droits relatifs au concours financier qui a été promis pour la construction de l'ouvrage. En principe, l'entrepreneur fait à ses frais tous les travaux et les fournitures qu'ils nécessitent; la commune prend à sa charge seulement la fourniture de certains objets considérés comme objets de luxe. C'est ainsi que, dans beaucoup de cahier des charges de marchés pour l'éclairage au gaz, la commune s'engage à fournir les candélabres en fonte. Mais il peut y avoir, de la part de la commune, un concours financier plus effectif et qui varie avec les différents traités.

B. — *Droits vis-à-vis des tiers.* — L'entrepreneur exerce, au lieu et place de la commune, le droit d'expropriation. Il est bien rare que la construction de canalisations ou de rails ne nécessite pas le passage sur certaines propriétés privées; pour cela, la commune lui a cédé l'exercice d'un de ses droits de puissance publique, le droit d'expropriation.

Ce droit a une importance toute spéciale pour les entreprises de distribution d'eau ou, plus exactement, pour le captage des sources préalable à ces entreprises [1].

Aujourd'hui, le captage des sources est régi par la nouvelle loi du 8 avril 1898 sur le régime des eaux. Cette loi dispose notamment « qu'aucun travail ne peut être exécuté et aucune prise d'eau ne peut être pratiquée dans les fleuves et rivières navigables et flottables sans autorisation de l'administration. »

---

1. Comp. notamment, sur cette question, COPPER-ROYER, *Des sociétés de distribution d'eau.* p. 60 et suiv.

II. — *Obligations de l'entrepreneur.*

A. — *Obligations envers la commune.* — Le droit d'expropriation que l'entrepreneur peut exercer au nom de la commune est corrélatif à l'obligation principale dont il est tenu envers elle : l'obligation d'exécuter les travaux.

Cette obligation existe dès que le traité passé entre l'entrepreneur et la commune a reçu un commencement d'exécution auquel l'entrepreneur a concouru. On considère notamment le fait d'avoir poursuivi et obtenu l'expropriation du terrain nécessaire à la construction d'une usine comme un commencement d'exécution du traité, qui oblige l'entrepreneur à faire les travaux, et met un obstacle à ce qu'il se délie de ses engagements.

Il objecterait vainement, à l'appui de son refus d'exécuter les travaux, soit que le traité n'a pas encore été approuvé par l'autorité supérieure, soit que la commune est en retard pour la remise du terrain destiné à la construction de l'usine, si ce retard n'est que la conséquence de la mesure d'expropriation. Les obligations naissent, en effet, du traité proprement dit, non de la concession ; et, d'autre part, il ne peut invoquer un retard auquel il a concouru, en demandant a la commune de poursuivre l'expropriation [1].

En ce qui concerne les travaux de canalisation, l'entrepreneur ne peut être obligé à payer
une redevance pour la pose des tuyaux. La concession qu'il a obtenue ne lui donne pas seulement le monopole exclusif de la canalisation,
c'est-à-dire le droit exclusif d'ouvrir la voie publique pour y fixer les tuyaux destinés à conduire l'eau, le gaz, l'électricité, elle lui donne en
même temps le droit de le faire gratuitement.
Une clause formelle du cahier des charges permettrait seule une telle restriction, de la part de
la commune, de l'exercice du droit de canaliser.

Ceci est vrai du moins en ce qui concerne la
canalisation des voies communales, c'est-à-dire
des chemins ruraux et des chemins vicinaux,
aussi bien les chemins ordinaires et d'intérêt
commun que ceux de grande communication;
en effet, bien qu'aucun texte de loi ne les déclare propriété communale, il a été affirmé à plusieurs reprises, par le ministre de l'intérieur et
par le Conseil d'État, qu'on devait les considérer
comme voies communales. Par suite, le droit
pour l'entrepreneur de services communaux de

1. Cf. Conseil d'État, 31 janvier 1873, *Compagnie générale du gaz
Riche c. ville de Trévoux* (GARNIER, I, p. 6).

canaliser gratuitement s'étend même aux chemins vicinaux de grande communication.

Il importe peu que, pour la canalisation du sous-sol des chemins de grande communication, il soit nécessaire d'obtenir l'autorisation du préfet ou du sous-préfet, autorisation qui, depuis la circulaire ministérielle du 15 août 1893, est donnée à la commune, non à l'entrepreneur : l'obligation d'obtenir l'autorisation pour canaliser ne restreint pas le droit pour l'entrepreneur de canaliser, sans payer une redevance, les voies communales. Il puise en effet ce droit de canaliser dans la concession. Or, la concession, depuis la même circulaire du 15 août 1893, est faite pour « toutes les voies publiques communales, *même pour celles de la grande voirie* ». Elle doit donc et elle peut être faite dans les mêmes conditions pour toutes ces voies ; le privilège de la pose gratuite s'étend, comme la concession entière, à toutes les voies pour lesquelles elle est donnée, même aux chemins vicinaux de grande communication, même aux routes nationales et départementales, sauf une clause expresse du cahier des charges.

Les autorisations dont il s'agit n'ont, en effet, d'autre fondement et d'autre raison d'être que l'intérêt de la viabilité. Ce fondement de l'autorisation en est en même temps la mesure. Le Conseil d'État a, en effet, posé plusieurs fois le principe suivant : l'autorisation donnée dans l'intérêt de la viabilité ne peut être retirée ensuite que pour un motif tiré de l'intérêt de la viabilité [1].

Le principe s'applique aussi bien aux permissions de voirie données par les maires qu'à celles émanant du préfet : la matière des entreprises de services d'eau, d'éclairage, de tramways en offre de nombreux exemples.

En résumé, pour exécuter son obligation de faire les travaux de canalisation, l'entrepreneur a droit de pose essentiellement gratuite sur toutes les voies auxquelles s'étend l'entreprise.

Mais est-il obligé d'employer pour la canalisation le système de tuyaux prévu dans le traité ?

Si, par exemple, le traité porte : « La canalisation sera en tuyaux de tôle plombée dit système Chameroy », l'entrepreneur peut-il employer des tuyaux d'une autre espèce, des tuyaux de fonte au lieu de tuyaux plombés ?

La juridiction administrative [2] a répondu affirmativement, et rejeté une demande en dommages-intérêts intentée de ce chef par une commune contre un entrepreneur d'éclairage au gaz. Si les tuyaux employés sont aussi solides que ceux

---

1. V. BÉQUET. Rép., v° *Commune*, n° 1484, p. 26, et notes 1 et 2.
2. Cons. préf. de la Nièvre, 19 février 1891, *Société du gaz de Cosne c. la ville de Cosne* (GARNIER, II, p. 212).

visés dans le traité, la commune ne subit en
effet aucun préjudice, et l'entrepreneur aura
rempli exactement ses obligations. L'emploi de
ces tuyaux permettra peut-être à ce dernier de
diminuer ses frais de construction ; mais il a
bien le droit de faire cette construction aussi
économiquement que possible, tout en lui donnant la même solidité et la même durée, puisque
c'est lui qui doit la payer.

C'est en effet l'entrepreneur qui, en principe,
doit payer les frais de canalisation.

Dans ces frais rentrent ceux nécessités pour
l'établissement des branchements de prises de
gaz ; l'entrepreneur doit les supporter si le cahier des charges porte qu' « il fera à ses frais
tous les travaux de canalisation ». Le but de
cette clause est, en effet, d'obliger l'entrepreneur à prendre à sa charge les travaux nécessaires pour distribuer l'éclairage, le gaz, l'électricité aux habitants de la commune ; or, cette
obligation ne serait pas remplie, si on fait une
distinction entre les branchements particuliers
et les tuyaux de conduite, distinction qui, d'ailleurs, est en contradiction avec la destination
de l'ouvrage public[1].

Il doit encore payer les frais de canalisation

---

1. Cons. préf. Vosges, 21 déc. 1875, *Krafft* (GARNIER, I, p. 462)
et C. d'État, 16 mars 1877, *Krafft* (GARNIER, I, p. 465).

dans le cas où elle devient inutile par suite d'une résiliation du marché, occasionnée par la faute de l'entrepreneur[1].

Il doit enfin supporter les dépenses occasionnées par l'établissement d'une canalisation nouvelle dans une rue qu'il devient nécessaire d'éclairer, à moins d'une clause formelle dans le traité qui l'en dispense[2].

Exceptionnellement cependant, la commune peut être tenue de rembourser aux entrepreneurs les frais de canalisation, lorsque le cahier des charges ne les oblige pas expressément à les supporter[3].

Outre les frais occasionnés directement par la canalisation, il y a d'autres dépenses auxquelles l'entrepreneur peut être assujéti ; nous voulons parler du paiement des droits d'octroi sur les fontes et sur les charbons.

Une question préalable doit être tranchée : les charbons destinés à l'alimentation des usines pour la distribution de l'eau et la production du

---

1. Cons. d'État,20 juillet 1894, *Henrion* (GARNIER,II, p. 79).—Dans cette affaire, il y avait une résiliation pour insuffisance de la force motrice d'un cours d'eau que l'entrepreneur d'éclairage électrique avait lui-même désigné.

2. Cons. d'État, 7 septembre 1869, *Ville de Rouen* (GARNIER, I, 437).

3. Cons. d'État, 27 nov. 1874, *Compagnie de Châlons-sur-Marne* (GARNIER, I, p. 174); — 26 février 1875 et 4 juillet 1890, *de Briqueville* (GARNIER, I, p. 450 et 454); — Cons. préf. Nièvre, 19 fév. 1894, cité p. 113, note 2.

gaz et de l'électricité, peuvent-ils être frappés de droits d'octroi ; en est-il de même pour les tuyaux en fonte servant à la canalisation ?

Il faut répondre affirmativement. On a cependant objecté que les houilles tombent sous l'application de l'article 8 du décret du 12 février 1870, relatif à l'exemption des droits d'octroi ; ces houilles sont, en effet, employées dans les usines à la préparation ou à la distribution de produits qui ne sont frappés d'aucun droit d'octroi, le gaz ou l'eau ; par suite, elles doivent être exemptes de la taxe [1]. Mais il faut répondre qu'aucun texte ne permet de soustraire ces charbons aux droits d'octroi, et qu'il n'y a aucune raison pour le faire, puisque les entrepreneurs n'ont, pour jouir de l'immunité, qu'à solliciter, comme tout le monde, la faculté de l'entrepôt [2].

On a prétendu aussi faire échapper les tuyaux en fonte à l'application des droits d'octroi sur les fontes, par cette raison d'abord que le décret des 12-17 février 1870 et celui du 13 décembre 1886 ne leur sont pas applicables. Il résulte en effet, de ces décrets, que peuvent seuls être frappés de

---

1. Comp.: Cass. 29 juillet 1884 (D. 85. 1. 9); — COPPER-ROYER, *op. cit.*, nº 53, p. 144. — V. aussi les motifs de la requête dans Cons. préf. Allier, 17 mai 1892, *Montluçon* (Garnier I, p. 27).

2. C. préf. Allier, précité, et C. d'État, 30 nov. 1883, *Clarke* (Garnier I, 108).

taxes par les communes les matériaux destinés à la *construction* de bâtiments ; or, a-t-on dit, « l'assemblage mobile des tuyaux de la canalisation principale d'alimentation de la commune, constitue un outillage industriel et non pas une construction »; donc ils échappent à la taxe [1].

Cette thèse, d'abord combattue par la Cour de cassation [2], a été ensuite admise par un arrêt du 28 mars 1885 [3]. Pour tourner cet arrêt, les communes ont alors modifié les formules de leurs tarifs, et ont remplacé le mot « fontes », soit par la formule « fers et fontes de toute espèce », soit surtout par les expressions « fers et fontes destinés à une *construction immobilière* ». Il s'agit alors de savoir si les canalisations sont des immeubles ; si oui, la taxe doit leur être appliquée.

Nous avons déjà examiné la question ainsi

---

1. C. préf. Gironde, 7 mai 1892, *Bordeaux* (Garnier II, p. 132, les motifs de la requête).

2. Cass. 25 janvier 1876; — 30 juillet 1884 (*Gaz. trib.* des 4-5 août 1884).

3. Cass., Ch. crim., 28 mars 1885 (*Gaz. trib.* 17 avril 1885). — Deux arrêts: l'un décide que les « bois et fers destinés à la voie ferrée ne rentrent pas dans les fers et bois destinés à la construction des bâtiments »; il peut, par analogie, être étendu aux rails des tramways. L'autre, à propos de la canalisation des eaux pour la ville d'Arcachon, porte que « les tuyaux en fonte destinés à la canalisation souterraine ne sont pas frappés par un tarif d'octroi visant les fers et fontes destinés à la construction des bâtiments. » — Cf. COPPER-ROYER, *op. cit*, n° 51, p. 128.

posée [1] ; nous avons conclu au caractère immobilier des canalisations, et nous en avons tiré cette conséquence que les entreprises d'éclairage, etc., étaient des opérations de travaux publics. Une seconde conséquence apparaît maintenant: toute conduite servant à l'adduction de l'eau, etc., étant immeuble par nature, les fers et fontes qui servent à construire cette conduite peuvent être frappés d'une taxe d'octroi. C'est, du reste, ce que la Chambre criminelle de la Cour de cassation a décidé par arrêt de 1891, revenant ainsi sur son arrêt du 28 mars 1885 [2].

La question de principe ainsi résolue affirmativement, il faut maintenant aborder deux autres problèmes très importants, à propos du paiement des droits d'octroi sur les charbons ou sur les fontes par le concessionnaire d'un monopole de fait pour l'exploitation des services communaux d'eau, d'éclairage ou de transport.

Le premier problème peut se formuler de la façon suivante : une commune est-elle fondée à demander à l'entrepreneur concessionnaire d'un service communal le paiement des droits d'octroi dont elle a frappé les houilles et charbons postérieurement à la rédaction du traité,

1. V. *supra*, p. 77.
2. Cass. 18 juin 1891.

lequel est d'ailleurs muet sur la question d'octroi?

Il arrive en effet souvent ceci : au moment où une commune concède un monopole de fait pour l'entreprise d'un service de distribution d'eau, d'éclairage ou de transports par tramways, aucun droit d'octroi ne frappe les fontes et charbons à leur entrée sur le territoire de la commune. Dans le traité, on ne fait aucune allusion à ces droits. Puis, plus tard, la commune modifie son tarif ; elle étend les droits d'octroi aux charbons et houilles ; elle prétend alors les faire payer par ses concessionnaires : le peut-elle ?

On l'a nié. En frappant le concessionnaire d'impôts nouveaux qui n'existaient pas au moment de la concession, la commune, dit-on, manque à son traité ; elle crée au concessionnaire des obligations qu'il n'a pas prévues au moment du traité, auxquelles, par conséquent, il n'a pas consenti. Il faut donc interpréter le traité en ce sens que, « ne prévoyant pas l'octroi, le concessionnaire en a été virtuellement dispensé [1] ».

Il faut rejeter cette opinion comme contraire au principe qui domine toute l'interprétation

1. Voir C. d'État, 30 nov. 1883, *Clarke* (Garn. 1, 107). — C. d'État, 10 juin 1868 (D. 1869. 3. 83). — Bourges, 28 juillet 1866 (D. 78. 2. 130).

des cahiers des charges d'entreprises de services communaux, le principe de l'interprétation stricte: faire tout ce qui est stipulé, mais rien de plus. Or, la ville serait obligée à plus qu'elle n'a stipulé, si elle ne pouvait percevoir l'octroi pour les houilles et fontes dont il s'agit.

Nous avons, en effet, posé ce principe que les fontes et houilles sont soumises au droit d'octroi; or, ce principe ne veut rien dire, si ce n'est que, seuls, peuvent s'y soustraire ceux qui en sont formellement dispensés. Pourquoi donc alors interpréter le silence du traité comme une dispense de payer les droits, plutôt que dans le sens de l'application du droit commun? Il est certain que, si les droits d'octroi avaient existé au moment de la rédaction du traité, il eût fallu une clause expresse pour en exempter le concessionnaire. Ils n'existaient pas; c'était à l'entrepreneur à les prévoir et à stipuler la dis-dispense. Il ne l'a pas fait. Aucune clause n'est dans le traité. Il est tenu alors au paiement des taxes parce que c'est le droit commun, et aussi parce qu'on ne peut induire du mutisme du cahier des charges l'obligation de la ville à ne pas les percevoir.

Donc, pas « d'exemption virtuelle » des droits d'octroi.

D'ailleurs, cette exemption est inutile; il suffit en effet au concessionnaire, pour avoir droit à l'immunité de la taxe, de se conformer au droit commun et de solliciter la faculté de l'entrepôt[1].

Qu'on veuille bien remarquer en outre que l'augmentation par l'État des droits de douane sur une certaine matière, n'est pas une cause de rupture des contrats relatifs à cette matière. Ce qu'une taxe d'État ne peut faire, pourquoi une taxe communale le pourrait-elle? On ne le voit pas[2].

La dispense n'existe, dès lors, que s'il y a dans le traité une clause garantissant l'entrepreneur contre l'établissement de droits d'entrée.

Les mêmes solutions vont se retrouver à propos de la deuxième question relative aux droits d'octroi: si, postérieurement au traité, la commune élève les droits d'octroi sur l'entrée des houilles et fontes, et que rien, concernant cette augmentation, ne soit prévu au traité, l'entrepreneur est-il obligé au paiement des surtaxes?

Oui; les mêmes raisons qui nous ont porté à décider que l'entrepreneur ne pouvait être dis-

---

1. En ce sens: C. préf. Allier, 17 mai 1892, *Montluçon* (GARNIER, I, 27); — C. préf. Seine-et-Marne, 31 mai 1879, *de Charnailles* (GARNIER, I, 392); — C. préf. Aude, 17 mars 1891, *Carcassonne* (GARNIER, II, 61); — C. préf. Cantal, 18 mars 1892, *Compagnie du gaz de Rodez, etc.* (GARNIER, II, 75); — C. d'État, 1er mai 1896, *Compagnie du gaz d'Aurillac* (GARNIER, II, 77); — Cour de Nîmes, 22 mai 1878 (D. 78, 2, 230).

2. *Contra*, COPPER-ROYER, *op. cit.*, n° 19.

pensé de payer les droits d'octroi non existants
au moment de la conclusion du traité, nous font
conclure qu'il est obligé de payer les surtaxes.
« Considérant, dit à ce propos le Conseil d'État,
« qu'aucune de ces dispositions du traité.....
« entre la compagnie requérante et la ville de
« Nîmes ne garantit cette compagnie contre les
« augmentations que pourraient subir les droits
« d'entrée sur les matières servant à sa fabrica-
« tion; que, d'autre part, la compagnie n'allè-
« gue même pas que le règlement d'octroi
« en vigueur au moment où elle a traité avec
« la ville, lui assurait des avantages spéciaux
« sur le maintien desquels elle aurait cru pou-
« voir compter; que, dans ces circonstances,
« elle n'est pas fondée à soutenir que la ville, en
« exigeant d'elle le paiement des surtaxes éta-
« blies sur les houilles postérieurement au
« traité, aurait porté atteinte aux conditions en
« vue desquelles ce traité avait été conclu, et
« que, par suite, elle serait tenue de l'indemni-
« ser du préjudice qu'elle lui aurait causé [1]. »

1. C. d'État, 7 août 1883, l'*Union des gaz* (GARNIER 1, 129). — C. d'État,
17 avril 1874, *Compagnie du gaz de Wazemmes* GARNIER, I, 189).
— Il a cependant été jugé que, dans le cas où une ville a renouvelé
son traité sans changer les clauses visant le droit d'octroi sur
les houilles, elle n'est pas fondée à réclamer les surtaxes créées
postérieurement à ce traité, l'entrepreneur ayant cru qu'il l'obligeait
seulement au paiement de ces droits dans les mêmes conditions que
le premier. — C. d'État, 10 mars 1869, *ville de Saint-Pierre-les-Calais*,
et 9 janvier 1885 (GARNIER, I, p. 221 et 222).

Mais l'obligation de l'entrepreneur au paiement des taxes cesse dès que, dans le traité, il est stipulé une garantie contre l'augmentation des droits sur les houilles et fers [1].

Ces clauses de garanties doivent, d'ailleurs, comme tout le traité, être interprétées restrictivement: on ne peut les étendre à d'autres matériaux que ceux qu'elles visent expressément [2].

On voit donc qu'en définitive, le concessionnaire est soumis au droit commun pour le paiement des droits d'octroi sur les fontes et charbons.

Le paiement des droits d'octroi soulève enfin une dernière question très importante: en cas de contestation sur les droits d'octroi, quelle juridiction sera compétente pour connaître du litige?

Pour résoudre la question et aussi pour voir clair dans les nombreux arrêts rendus sur cette matière, il faut se rappeler le principe sui-

1. C. de préf. Seine-Inférieure, 4 juin 1887, *Compagnie centrale d'éclairage* (GARNIER, I, 430). — C. d'État, 15 novembre 1889. *Dieppe* (GARNIER, I, 434).

2. C. d'État, 3 juillet 1874, *Compagnie centrale du gaz* (GARNIER, I, 139). — Conseil d'État, 16 avril 1875, *Chenensac* (GARNIER, I, 166). — C préf. Hérault, 16 avril 1891, *Union des gaz* (GARNIER, 154). — C. d'État, 11 mai 1894, *Compagnie genevoise* (GARNIER, II, 18). — C. d'État, 4 février 1876, *de Briqueville* (GARNIER, I, 453). — Jugé toutefois que le coke produit par la fabrication du gaz ne peut, à défaut de réserve spéciale, être assujéti à un droit distinct de celui de la houille. — C. d'État. 9 février 1872, *Gaz d'Angers* (GARNIER, I, 171).

vant, que nous avons déjà eu l'occasion d'énon-
cer : le marché d'entreprise des services communaux est un marché de travaux publics, et,
par suite, entraîne devant la juridiction administrative tout ce qui touche à l'interprétation
du marché.

De ce principe, nous tirons les deux règles
suivantes :

1° Toute contestation, à propos de droits
d'octroi, qui peut s'analyser en une contestation
sur l'interprétation du traité, est de la compétence du conseil de préfecture.

Par exemple, le conseil de préfecture est
compétent pour statuer sur une demande en
remboursement de droits d'octroi [1], sur une demande d'indemnité faite par le concessionnaire
à la commune pour application du nouveau
règlement [2], sur une demande en exonération
de droits d'octroi fondée sur la commune intention des parties exprimée dans le traité [3].

2° Toute contestation étrangère à l'interpré-

---

1. C. d'État, 12 juillet 1889, *Union des Gaz* (Garnier I. 137). —
C. d'État, 13 déc. 1895, *Gaz de Bordeaux* (Garnier II. 138). — *Contra*, Cons. préf. Gironde 7 mai 1892 (Garnier II. 132, annulé par
l'arrêt précité).

2. C. d'État, 10 mars 1869, *Ville de St-Pierre-lez-Calais* (Garnier, I. 221). — C. d'État, 22 février 1884, *Limoges* (Garnier, I.
458).

3. C. d'État, 30 nov. 1833 , *Clarke* (Garnier, I. 107). — V. aussi,
sur le principe, C. d'État, 14 février 1873 *Desclée* (Garnier, I,
192).

tation du traité est de la compétence des tribunaux civils.

Par exemple, le tribunal civil est compétent
pour connaître des conflits relatifs à l'application des tarifs d'octroi [1], à la perception des
droits d'octroi [2].

Le principe dont nous avons tiré ces deux
règles rayonne donc sur toutes les clauses du
cahier des charges; il donne la clef qui permet
d'ouvrir les procédures relatives aux litiges
qu'ils font naître devant la juridiction compétente. Nous allons encore le retrouver à propos
d'une dernière question concernant l'exécution
des travaux, la question des dommages occasionnés par ces travaux, dont nous allons maintenant aborder l'examen.

L'exécution des ouvrages de canalisation
peut causer des dommages aux propriétés et
aux personnes : quelle est la juridiction compétente pour connaître des demandes en indemnité à raison de ces dommages ?

Il faut appliquer toujours les mêmes principes :

1° D'abord le principe de l'individualité du
travail public ;

---

1. C. d'État, 6 août 1886, *Gaz de Rochefort* (Garnier, I. 93). —
30 nov. 1883 (cité note 3). — C. préf., Gironde 7 mai 1892 (D. 92.
1. 446).
2. C. préf., Gironde, 7 mai 1895, cité.

2° Le principe que la juridiction administrative n'est pas compétente pour connaître des contestations entre le concessionnaire et les tiers.

Pour faire une application exacte de ces principes aux dommages occasionnés par les travaux de canalisation ou de pose de rails de tramways, il faut distinguer entre les dommages à la propriété et les dommages aux personnes.

Dommages à la propriété.

Les dommages causés à la propriété par des travaux de canalisation peuvent être des dommages temporaires ou des dommages permanents.

Voici, d'après la jurisprudence du Conseil d'État, comment il faut entendre la distinction des dommages temporaires et des dommages permanents : sont temporaires les dommages qui ne durent que pendant la période de construction ou d'exécution de l'ouvrage ; sont permanents ceux qui résultent de la présence de l'ouvrage public une fois construit [1].

En matière d'éclairage, les dommages permanents sont assez rares : on pourrait citer

---

1. HAURIOU, *Précis*, p. 766.

comme exemple celui qui résulte de la construction d'une usine devant une maison d'habitation ; dans les entreprises de tramways, on peut citer comme exemple le dommage causé par l'obstacle apporté par une ligne de tramways [1] au stationnement des voitures et au déchargement des marchandises ; les dommages permanents résultant des travaux de prise d'eau destinée aux habitants d'une commune sont au contraire plus fréquents.

La distinction précisée, déterminons maintenant les règles de compétence applicables aux deux sortes de dommages.

A. *Dommages temporaires.* — L'application du principe ne fait aucune difficulté en ce qui concerne les dommages temporaires ; et, aussi bien pour les entreprises d'éclairage [2] que pour celles de distribution d'eau [3] et de transport [5], la

---

1. C. d'État, 8 fév. 1889, *Jourjon* (Rec. Leb., p. 190).— C. d'Ét., 23 avril 1830 (Rec. Leb.. p. 407), et C. de préf. des Bouches-du-Rhône, 31 mars 1878, rapporté dans CARPENTIER et MAURY, *Tr. des chemins de fer*, T, III, n° 6928.

2. C. préf. Seine, 14 janv. 1890, *Soc. mut. immob. c. Comp. par. du gaz* (Garnier, I. 343). — C. d'État, 23 fév. 1894, *Comp. par. du Gaz* (Garnier I. 363). — C. préf. Seine, 18 nov. 1887, *Soc. d'assur. c. Ville de Paris* (Garnier I. 333). — C. préf. Seine, 18 nov. 1887, *Héritiers Legrand* (Garnier I. 337). — V., pour dommages causés par la chute d'une voiture dans une tranchée ouverte sur la voie publique : — C. d'État, 16 déc. 1863 (D. 64. 3. 40); — C. d'État, 22 fév. 1884 (D. 85. 3. 93); — Trib. des conflits, 2 déc. 1881 (D. 83. 3. 37), et Douai, 10 nov. 1891 (D. 92. 2. 252).

3. C. d'État, 4 fév. 1824. — C. d'État, 13 juillet 1828. - C. d'État, 5 juillet 1833. — Trib. des conflits, 9 déc. 1882 (D. 84. 3. 51). — C. préf. Bouches-du-Rhône, précité.

compétence est toujours administrative. Ces
dommages sont traités, non comme provenant
de la faute d'un agent déterminé, mais
comme «incidents de travaux publics », comme
résultant de l'existence ou de l'entretien du travail public.

B. *Dommages permanents.* — Pour les dommages permanents, au contraire, il y a eu hé-
sitation à leur appliquer la loi du 28 pluviôse
an VIII. La Cour de cassation se décidait pour
la compétence des tribunaux civils. A raison
de leur permanence, disait-elle, ces dommages
doivent être considérés comme une dépossces-
sion partielle subie par le particulier du fait de
l'administration, comme une véritable expropriation ; or, depuis la loi du 8 mars 1810, et
surtout depuis les lois du 7 juillet 1833 et du
3 mai 1841, c'est la juridiction civile qui connaît
des expropriations ; donc elle est compétente
pour statuer sur les dommages permanents causés à la propriété par des travaux publics [1].

Ce raisonnement pèche par la base : on ne
peut dire qu'au point de vue du droit administratif, un dommage permanent, tel que nous
l'avons défini, soit une expropriation.

D'abord, s'il est vrai que le dommage permanent porte, comme l'expropriation, une

1. V. les nombreux arrêts cités dans DALLOZ (Rép., v° *Travaux
publics*) et LAFERRIÈRE, *Jurisp. adm.*, II, p. 159 et suiv.

atteinte matérielle au droit de propriété, à la différence de celle-ci il n'entraîne qu'une dépossession partielle du droit de propriété, non une dépossession totale : par exemple, la construction d'une usine à gaz devant une maison d'habitation qui vient lui enlever l'air et gêner ses accès, n'est pas une dépossession totale du droit de propriété.

Ensuite, pour qu'il y ait expropriation, il faut que l'administration se soit emparée de l'objet sur lequel elle porte ; or, dans le cas de dommage permanent causé à un immeuble, il n'y a pas dépossession du propriétaire au profit de la commune [1].

Il peut cependant y avoir des cas dans lesquels il soit difficile de dire s'il y a expropriation ou dommage permanent, et où il est besoin d'un autre criterium que la dépossession totale ou le profit retiré par l'administration.

Ce criterium est fourni par la conception toute matérielle que nous avons donnée de l'opération de travaux publics. L'opération de travaux publics se définit par sa procédure. Pour qu'il y ait expropriation, il faut qu'il y ait déclaration d'utilité publique ; pour qu'il y ait travail public, il faut mais il suffit qu'il y ait travail destiné à un service public consistant dans

---

1. Comp. Hauriou, *Précis*, p. 767.

la création ou l'entretien d'un immeuble pour le
compte d'une personne administrative; il n'est
pas nécessaire qu'il y ait eu une déclaration d'u-
tilité publique des travaux. L'opération de travaux publics est indépendante de la déclaration
d'utilité publique, c'est-à-dire essentiellement
distincte de l'expropriation. Or, il en est de
même du dommage permanent causé par un
travail public : c'est un accident du travail public ; il est incorporé à ce travail. Et, puisque
le travail public est distinct de l'expropriation,
le dommage qui en résulte et n'est qu'un fragment de cette individualité complexe que cons-
tue le travail public est, lui aussi, distinct de
l'expropriation et, lui aussi, soumis à la compétence du conseil de préfecture[1].

« Les lois et contrats administratifs, disait
M. Vivien à l'Assemblée nationale, appartiennent à un ordre de principes, d'intérêts, d'idées
complètement étranger aux juridictions civi-
les[2] ». C'est sans doute pour cette raison que,

1. Comp. la note sous C. d'État, 5 mai 1893, *Sommelet* (S. 95, 3,
1). — Le même principe avait déjà été très bien posé dans un arrêt
de cassation, 15 janvier 1884 (D. 84, 1, 109), qui, en déclarant marché
de travaux publics la convention passée entre une ville et une compagnie, ayant pour objet principal la transportation des engrais ou
vidanges, parce qu' « elle tend à assurer le grand service public de
l'assainissement », prouve bien que c'est la destination d'utilité publique, non la déclaration d'utilité publique, qui est de l'essence de
l'opération de travaux publics.

2. Rapport fait à l'Assemblée nationale, en 1819, sur le projet de
loi relatif au Conseil d'État.

mieux pénétré du lien intime qui unit le dommage permanent au travail public dont il résulte, le Conseil d'État a toujours déclaré que les dommages permanents étaient de la compétence des conseils de préfecture.

Du reste, après une décision du Tribunal des conflits donnant raison au Conseil d'État, la Cour de cassation a, elle aussi, reconnu la compétence administrative [1].

Aujourd'hui, la jurisprudence est donc unanimement fixée en ce sens que les conseils de préfecture doivent connaître des dommages permanents causés à la propriété par les travaux publics. De nombreux arrêts relatifs aux concessions de distributions d'eau, d'éclairage et de tramways appliquent cette règle.

Un des arrêts les plus remarquables, parce qu'il formule clairement la distinction entre l'expropriation et le dommage permanent, est celui du 1ᵉʳ mars 1895. Le Conseil d'État décide que la circonstance qu'une commune a acquis de gré à gré la propriété d'une source, ne peut

___

1. Tribunal des conflits, 29 mars 1850, *Thomassin* (S. 52, 1, 410); — 30 avril 1850; *Malle* (D. 50, 3, 52); — 17 juillet 1850 (D. 51, 3, 20); — 11 janvier 1873 et 7 avril 1881 (S. 86, 3, 10); — 20 juillet 1889 (D. 91, 3, 11); — 7 mai 1892 (D. 93, 3, 87); — 5 novembre 1892 (D. 94, 3, 6). — Cass., 29 mars 1852, *préfet d'Alger* (D. 52, 1, 91). — Cass. 28 mars 1876 (D. 78, 1. 13). — C. d'État, 7 décembre 1867 (D. 72, 2, 546). — C. d'État, 8 juin 1888 (D. 89, 5, 461). — C. d'État, 5 mai 1893 (S. 94, 3. 1 et la note de M. HAURIOU). — C. d'État, 1ᵉʳ mars 1895 (S. 97, 3, 57).

empêcher le Conseil de préfecture de connaître d'une demande en indemnité formée par les riverains, pour cause de dommage permanent résultant du détournement des eaux, au préfet de la commune. « Considérant, dit l'arrêt, que la circonstance que la commune a pu exécuter le projet sans recourir à *une déclaration d'utilité publique, n'est pas de nature à modifier le caractère des travaux.* » Disons tout au plus qu'au cas de dommage permanent, il y a une servitude publique imposée à la propriété, mais ne parlons pas d'expropriation.

La règle générale est donc celle-ci : le conseil de préfecture connaît de toutes les actions en réparation de dommages à la propriété, causés par l'exécution des travaux publics.

Dommages aux personnes.

Le principe de l'individualité de l'ouvrage public veut que les dommages aux personnes, comme les dommages à la propriété mobilière et immobilière, soient considérés comme des incidents de travaux publics, de la compétence du conseil de préfecture.

Aussi le Conseil d'État décide-t-il que la juridiction administrative est compétente pour connaître de ces dommages, en vertu de la loi du 28 pluviôse an VIII. Cependant, telle n'a pas toujours été sa jurisprudence; pendant plusieurs années, de 1866 à 1869, il a déclaré que les demandes d'indemnité pour mort ou blessures n'étaient pas de la compétence administrative. Les quelques arrêts rendus dans ce sens [1] jurent un peu avec l'attitude générale du Conseil d'État, qui a élargi petit à petit la compétence administrative pour l'opération de travaux publics à tous les faits qui se produisent à son endroit; ils interprètent en effet la loi du 28 pluviôse an VIII d'une façon restrictive, et décident que les mots « torts et dommages » contenus dans la loi, ne visent que les dommages contre la propriété.

Or, rien n'autorise cette interprétation : si le dommage causé à la propriété est de la compétence de la juridiction administrative parce qu'il s'est produit à l'occasion de l'opération de travaux publics, il doit en être de même pour les dommages causés aux personnes par les mêmes travaux, puisque eux aussi sont des incidents de travaux publics.

Du reste, il faut reconnaître que le Conseil d'État est vite revenu à sa jurisprudence antérieure à 1866 [2].

---

1. C. d'État, 15 décembre 1865 (D. 66, 3, 82); — 13 déc. 1866 (D. 67, 3, 57); — 15 avril 1868 (D. 68, 3, 52); — 12 mai 1869 (D. 74, 3, 53).

2. Pour les entreprises d'éclairage au gaz, v.: Cons préf. Seine, 19 juin 1889, *Veuve Neullier* (Garnier 1. 340); — C. d'État, 10 mars 1891, même affaire (Garn. 1. 360), (décès par asphyxie résultant de

Mais, contrairement d'ailleurs à l'opinion du Tribunal des conflits, il renvoie aux tribunaux judiciaires, soit les demandes en indemnité formées par un ouvrier contre l'entrepreneur concessionnaire [1], soit celles dirigées contre les sous-traitants de ce concessionnaire [2].

Quant à la question de savoir qui sera responsable, la commune ou l'entrepreneur, et quand il y aura responsabilité, c'est le plus souvent une question de fait. Le Conseil d'État a seulement posé la règle suivante : en matière de dommages à la propriété, l'entrepreneur ou la commune ne seront pas responsables, toutes les fois que les travaux qui occasionnent le dommage auraient pu être faits par des particuliers. Ils le seront dans le cas contraire, parce que ces travaux ne rentrent plus alors dans les inconvénients du voisinage.

C'est qu'alors, en effet, il y a exercice de droits de puissance publique, charges imposées

l'infiltration du gaz dans une maison à la suite de la rupture d'une conduite) ; — C. préf. Seine, 8 juillet 1890, *Poggi* (Garn. i. 357) ; — C. d'État, 2 mars 1894 (5 arrêts), même affaire, explosion de gaz de la rue François-Miron (Garn. ii, p. 298, 299, 301, 303, 304, 305) ; — C. d'État, 28 fév. 1896 (Garn. ii, p. 308) ; — C. préf. Seine, 10 juin 1890, *Daubard* (Garn. i. 373) ; — C. préf. Seine, 2 juin 1891, même affaire (Garn. i, 376) ; — C. préf Seine, 9 fév. 1892, même affaire (Garn. i. 378) ; — C. d'État, 9 mars 1894, même affaire (Garn. i. 380). (Ouvrier allumeur blessé par la chute d'une lanterne.)

1. V. C. préf. Seine 1890, précité, Trib. des conflits, 15 mai 1886, *Bordelier*.

2. C. d'État, 9 mars 1894, *Daubard*, précité.

à la propriété en dehors du droit commun, et même, dans le cas de dommages permanents, de véritables « servitudes publiques imposées à la propriété [1] ». Or, il faut qu'il y ait pour tout le monde égalité de charges, d'où le principe de l'indemnité pour les charges exorbitantes du droit commun qu'une commune a imposées aux propriétés [2].

Cette distinction capitale entre la commune agissant comme puissance publique ou comme personne privée, a été très bien mise en relief dans l'arrêt du Conseil d'État déjà cité, du 1er mars 1895.

Nous avons ainsi terminé l'examen des différentes obligations qui viennent se greffer sur l'obligation générale d'exécuter les travaux. Voyons maintenant quels sont les droits et obligations de la commune pendant cette période.

III — *Droits et obligations de la commune.*

La commune a le droit de surveillance sur l'exécution des voies, et, les travaux exécutés,

---

1. Cf. cons. préf. Bouches-du-Rhône, 31 mars 1878, *Poudrel* (Dauv. 1878), qui déclare que les riverains d'une voie publique ont sur cette voie un *droit de servitude* pour la circulation ou la station momentanée des voitures, et qu'ils sont fondés, par suite, à réclamer une indemnité pour le trouble apporté à l'exercice de cette servitude, par l'établissement d'une ligne de *tramways* qui ne laisse pas, entre les rails et le trottoir, un espace suffisant pour le stationnement d'une voiture.

2. Cf., sur le principe de l'égalité des charges. HAURIOU, *Précis* p. 563.

elle a l'obligation de les recevoir. Ce droit de contrôle et de surveillance résulte de la destination même de l'ouvrage, qui est une destination d'utilité publique, et il a pour objet d'empêcher le concessionnaire de s'écarter des dispositions prescrites par le cahier des charges ou par l'autorisation.

Les travaux de canalisation pour les distributions d'eau ou de gaz sont sous la surveillance de l'autorité communale. Le maire doit notamment prendre toutes les mesures nécessaires pour que l'exécution des travaux ne porte pas atteinte à la sécurité publique et à la libre circulation.

L'autorité qui a donné l'autorisation de poser les canalisations ou les câbles peut la retirer, dès qu'il va de l'intérêt de la viabilité. Par exemple, un préfet qui a autorisé la plantation de poteaux et pylones pour câbles électriques sur une route nationale, peut retirer l'autorisation dès qu'il a été constaté, par un procès-verbal dûment enregistré, que l'exécution de ces travaux occasionne un encombrement dangereux pour la circulation [1].

L'exécution des travaux de tramways, aux termes du décret du 6 août 1881, art. 16, à la différence des travaux de canalisation, est sou-

---

1. C. préf. Sarthe, 2 avril 1894, *Préfet Sarthe* (Garn. ii, 292).

mise, même sur les voies communales, au contrôle et à la surveillance du préfet, sous l'autorité
du ministre des travaux publics.

C'est le conseil de préfecture qui est compétent pour connaître des contraventions de voirie
relevées par l'autorité municipale ou préfecto-
rale, en vertu de son droit de contrôle, et de
toute contestation entre le concessionnaire et la
commune relativement à l'exercice de ce droit[1].

Les travaux terminés, la commune a l'obligation de les recevoir. Il y a lieu d'appliquer ici
les règles générales pour la réception des travaux publics exécutés en vertu d'un marché[2].

Cependant, comme les travaux doivent être
utilisés et entretenus par le concessionnaire, il
ne peut être question de procéder à une réception définitive de ces travaux, dès le jour où ils

---

1. C. d'État, 7 août 1863, *Compagnie parisienne d'éclairage* (GAR-
NIER, I, 265). Mais le Conseil de préfecture n'est plus compétent, si
l'inobservation des dispositions de l'arrêté préfectoral ne constitue
pas une contravention de grande voirie : par exemple, ne peut être
apprécié par le conseil de préfecture le fait, pour des entrepreneurs
d'éclairage électrique, d'avoir posé au-dessus d'une route nationale
des fils non revêtus de l'enveloppe isolante prescrite par l'arrêté préfectoral d'autorisation. — C. d'État. 3 février 1893, *Min. des Trav,
pub. c. Perard* (GARNIER, I, 184).

2. V. CHRISTOPHLE, *Traité des travaux publics,* T. I, p. 346. — Il
y a seulement ceci à remarquer, que, dans le cas de construction de
travaux destinés à l'exercice d'un monopole communal par un concessionnaire, l'administration n'entre pas immédiatement en possession de ces travaux, puisque la jouissance en reste au concessionnaire.(AUCOC, T. II, n° 714 ; DALLOZ, Rép., v° *Concession administrative,* n° 108.)

sont terminés et où ils doivent servir à l'usage public, puisque la réception définitive a pour effet de libérer l'entrepreneur de l'obligation d'entretenir les travaux.

Il ne peut donc y avoir qu'une réception partielle, portant sur le point de savoir si les travaux répondent bien au but général pour lequel ils ont été construits. La réception définitive aura seulement lieu à l'expiration de la concession.

Mais cette réception définitive n'a pas lieu dans le cas où le concessionnaire doit conserver la propriété des travaux à l'expiration de la concession. La commune peut seulement vérifier, dès qu'ils sont terminés, s'ils peuvent être utilisés pour le service en vue duquel ils ont été créés.

C'est là, d'ailleurs, un cas exceptionnel. Dans la grande majorité des cas, les travaux font retour à la commune à l'expiration du traité.

Les travaux construits et reçus, le monopole va pouvoir être exercé : nous allons examiner comment et dans quelle mesure.

§ 2

PÉRIODE D'EXPLOITATION.

Parmi les multiples questions que soulève l'exploitation des concessions, tant entre le concessionnaire et la commune qu'entre le concessionnaire et les tiers, nous voulons seulement, pour la théorie générale de la concession du monopole de fait sur le domaine public communal, en retenir deux :

1° Il faut déterminer quelle est la situation juridique du concessionnaire à l'égard des travaux qu'il a exécutés ou qu'il exploite ;

2° Ensuite, il faut examiner quelle est exactement l'étendue du monopole concédé. Il y a là une question d'une importance capitale, qui met parfaitement en relief les inconvénients et les dangers des monopoles de fait, et qui amènera à sa suite, par une transition toute naturelle, l'étude de la régie directe par la commune des services publics communaux.

I. — *Situation juridique du concessionnaire pendant l'exploitation.*

Le principe à poser ici, c'est que le concessionnaire a, sur la dépendance du domaine public dont il entreprend l'exploitation, non pas un droit réel, mais un simple droit de possession précaire.

Ce principe découle tant du fondement que nous avons donné au droit de domaine public communal, que de la destination des dépendances de ce domaine, c'est-à-dire l'utilité publique. En effet, si la commune concédait à un particulier un droit de propriété sur les dépendance du domaine public communal, elle changerait la destination de la chose ; elle mettrait obstacle à son utilité publique. La commune ne peut donc pas concéder un droit de propriété [1] ; par suite, elle ne peut même pas donner au concessionnaire une possession utile, c'est-à-dire lui permettant d'acquérir un droit réel quelconque par usucapion : ce concessionnaire n'est qu'un possesseur précaire. Il a la jouissance, il n'a pas la propriété des dépendances du domaine public communal qu'il est autorisé à exploiter.

1. Cf.: Aucoc, II. 713, III, 1311 ; — Cotelle, *op. cit.*, II, n° 908 ; — Delalleau, *Rev. de législation*, T. V, p. 140 ; — Dalloz, v° *Concession*, n° 108 ; — Dufour, *op cit.*, T. III, n° 254, et VIII, p. 185 et suiv.; — Solon, *Répertoire de juridiction*, v° *Concession*, n° 11 ; — Hauriou, *Précis*, 2ᵉ édit., p. 643 et 674 ; — Copper-Royer, *Des sociétés de distribution d'eau*, 1896, p. 223 ; — Levi, *Delle locazioni di opere*, 1876, T. II, n° 72 ; — Mantellini, *op. cit.*, T. II, p. 523 ; — De Gioannis Gianquinto, T. II, § 901. — La doctrine contraire est soutenue par Batbie, *op. cit.*, T. VII, p. 277 ; — Giorgi, *op. cit.*, II, n° 232 ; — Meucci, *Instituzioni di Diritto amministrativo* 1892, p. 350, et spécialement en ce qui concerne les concessions de chemin de fer par Ranelletti, *Rivista ital. per la scienza giur.* 1891, T. 17, p. 88 et suiv.

Ainsi le concessionnaire d'une distribution d'eau ou de force motrice, le concessionnaire du service d'éclairage ne sont pas propriétaires des canalisations souterraines exécutées par eux pour conduire l'eau, la force motrice, le gaz, l'électricité ni, d'une façon générale, de tous les travaux qu'ils ont exécutés pour parvenir à l'exploitation de ces services. De même le concessionnaire d'un tramway communal n'est pas propriétaire des travaux qu'il a faits. Du moment où, en fin de concession, ces travaux doivent faire retour immédiatement à la commune; ils doivent être considérés, comme ayant toujours été sa propriété. Aussitôt après leur exécution, ils ont été affectés à un service public; ils sont devenus des dépendances du domaine public communal ; c'est donc à tort que, dans la plupart des traités de concession, on stipule que, à l'expiration de la concession, *la commune deviendra propriétaire sans indemnité* [1] de tous les travaux exécutés par le concessionnaire, la commune, en effet, ne *devient* pas propriétaire

---

1. Comp. dans ce sens: C. d'État, 7 février 1851 (chemin de fer du centre); — C. d'État, 16 avril 1852 (D. 53. 3. 27). — C. d'État, 1er mars 1860 (D. 60. 3. 9) ; — Cass., 15 mai 1861 (D. 61. 1. 225). — 20 février 1865 (D. 65. 1. 308.) — En ce qui concerne spécialement les tramways, un avis du Conseil d'État du 9 mars 1876, de même que la loi du 11 juin 1880 paraissent se ranger à l'opinion adoptée au texte.

quand finit la concession ; elle *est* propriétaire du jour où les travaux faits par le concesionnaire ont été affectés à un service public.

De ce principe découlent plusieurs conséquences importantes.

Le concessionnaire du droit d'utiliser une dépendance du domaine public communal, étant un possesseur, peut, à la différence d'un simple détenteur, intenter les actions possessoires contre les tiers qui voudraient le troubler dans sa possession, sans pouvoir invoquer en leur faveur une autre concession [1].

Mais, comme c'est un possesseur précaire, il ne peut intenter l'action possessoire contre la commune ; il se heurterait en effet à l'exception de domanialité, qui est infrangible [2].

La concession ne conférant au concessionnaire aucun droit réel, celui-ci ne peut pas hypothéquer les dépendances du domaine public communal qu'il utilise pour accomplir un service public [3].

---

1. Cette conséquence s'impose par analogie de ce qui a été décidé pour d'autres concessions. — V.: Cass., 20 nov. 1877 (S. 78. 1. 64.); — 6 mars 1878 (S. 79. 1. 13).

2. V., pour les applications, S. 83. 1. 68, la note et les renvois.

3. C'est la théorie dominante en ce qui concerne les compagnies concessionnaires de chemins de fer. — Comp. : PICARD, *Traité des chemins de fer*, T. 11, p. 117; — CARPENTIER et MAURY, *Traité pratique des chemins de fer*, T. 1, n°ˢ 830 et suiv., et les auteurs cités. —Or, les mêmes principes doivent s'appliquer, qu'il s'agisse de dépendances du domaine public national, départemental et communal.

Partant du même principe, le Conseil d'État a décidé que la compagnie concessionnaire d'une usine à gaz avec ses dépendances, le tout devant faire retour sans indemnité à la commune à l'expiration de la concession, ne peut pas être imposée à la taxe des biens de main-morte[1].

Enfin, toutes les dépendances du domaine public dont il s'agit font retour à la commune, quand expire le délai pour lequel la concession a été faite, ou même auparavant si la commune use de son droit de révocation ou de sa faculté de rachat.

II. — *Étendue du monopole concédé.*

On se rappelle quel est essentiellement l'objet des monopoles communaux résultant de concessions sur le domaine public : il ne s'agit point d'un monopole de vente pour l'eau, de fabrication pour le gaz, de fourniture obligatoire, de services de transports, mais il s'agit d'un monopole consistant dans le droit exclusif de se servir de la voie publique pour fournir à la commune l'eau, le gaz, l'énergie électrique, les transports en commun. Plus spécialement, on

---

1. C. d'État, 28 fév. 1890, *Compagnie nouvelle d'éclairage et de chauffage, c. l'État*; GARNIER et DAUVERT, *op. cit.*, T. 1, p 129.

peut dire que, pour l'eau et le gaz, il y a monopole de distribution collective par canalisation
dans la voie publique, pour l'énergie électrique
monopole de distribution collective par canalisation sous-marine ou par voie aérienne, pour les
tramways et les omnibus monopole de transports en commun par la voie publique. Ces différentes entreprises sont souveraines sur les
voies communales, puisque la commune, par
des raisons d'utilité et de sécurité publiques,
s'est interdit de favoriser toute entreprise ayant
même but; et, comme elles ont pour objet un
service public, ce service est monopolisé en fait :
elles ont un « monopole de circulation »[1].

On a voulu distinguer le service rendu à la
commune et le service rendu aux particuliers,
et en matière d'éclairage, on a soutenu que, si
une commune pouvait concéder le « monopole
de la canalisation pour le gaz à destination
d'éclairage public, il n'était pas en son pouvoir
de concéder le monopole de l'éclairage des particuliers. Mais le Conseil d'État n'a pas admis
une telle doctrine, qui ne pouvait reposer que

1. On peut dire, en effet, que, à l'heure actuelle, les rues ne sont
pas seulement affectées à la circulation des hommes, des animaux et
des véhicules, mais aussi qu'elles sont naturellement affectées aux
canalisations des distributions collectives, sauf à éviter l'encombrement; en un mot, les canalisations seraient un nouveau genre de
circulation. — Cf. HAURIOU, *Dangers des monopoles de fait*, etc.
Rev. de droit public et de science politique, 1, p. 81.

sur une conception inexacte du mot monopole, et il a déclaré qu'il y avait mêmes raisons d'utilité pour monopoliser le service d'éclairage privé et le service d'éclairage public [1].

Il faut bien remarquer que c'est le *service* seul qui est monopolisé ; il en résulte cette conséquence très importante que toute entreprise de fourniture d'eau ou de lumière faite à des maisons ou à des établissements isolés, indépendants les uns des autres, ne constitue pas une atteinte au monopole. Dans ce cas, en effet, on ne peut dire qu'il y a service, puisque « tout service suppose un périmètre desservi, une base territoriale, une circonscription ».

De sorte que, en développant logiquement cette notion du service, on arrive, en ce qui concerne l'éclairage, ainsi que le fait justement remarquer M. Hauriou, à cette conséquence « que, dans toutes les villes, les compagnies n'ont de monopole que s'il s'agit d'un véritable service d'éclairage, c'est-à-dire de l'éclairage de tout un périmètre »; par suite, ces villes peuvent, sans manquer à leurs engagements, favoriser des entreprises d'éclairage, pourvu qu'il s'agisse seulement d'éclairer des maisons isolées [2].

---

1. V.: C. d'État, 20 mai 1881, *Crest*, Rec., p. 522; — Cass , 8 août 1883 (S. 1884, 1, 267); — C. d'État, 12 juin 1891 (S. 93, 3, 64, et les renvois).

2. Note sous C. d'État, 11 janvier et 8 février 1895 (S. 96, 3, 129).

Donc, la notion administrative du service, aussi bien que la notion économique du monopole, nous conduisent à limiter les monopoles de fait communaux, et à ne pas les étendre au delà des termes dans lesquels ils ont été créés.

Or, au contraire, le Conseil d'État se montre favorable à l'extension des monopoles. Il les étend de deux façons.

D'abord, et cette extension est commune à toutes les entreprises que nous étudions, le Conseil d'État a étendu ce monopole au delà des voies communales proprement dites, en permettant à la commune de faire des concessions de grands services d'intérêt collectif, même sur les voies nationales et départementales qui traversent son territoire [1].

Ensuite, il a donné une extension considérable au monopole de l'éclairage. Voici en quoi elle consiste et dans quelles circonstances elle s'est produite:

Pour être certains de leur monopole de fait pour la distribution collective du gaz par l'intermédiaire de la voie publique, les entrepreneurs concessionnaires font insérer dans le traité une clause par laquelle la commune s'engage à ne pas permettre ou favoriser, sur le territoire com-

_____

1. V. *supra*, chap. III.

munal, tout établissement pouvant leur faire concurrence.

Cette clause est ainsi formulée: X... aura, pendant... années, à partir de..., le privilège exclusif de placer, dans les rues et terrains de la voirie urbaine, les *tuyaux destinés à l'éclairage;* ou encore : La commune s'interdit, pendant toute la durée de la concession, d'autoriser sur la voie publique *toute espèce de canalisation* ayant pour but de faire concurrence au concessionnaire.

Il est impossible, semble-t-il, de dire en termes plus clairs que le privilège de *conduire* l'éclairage est limité à la conduite par canalisation souterraine, et que c'est uniquement au sous-sol que s'étend le monopole. Aussi, tant qu'il ne fut question que d'éclairage par le gaz, les clauses ne reçurent pas d'autre interprétation. Mais bientôt apparut un nouvel agent d'éclairage, l'électricité. Des entrepreneurs sollicitèrent des concessions de villes qui avaient déjà concédé des entreprises d'éclairage au gaz; elles les obtinrent assez facilement. Puisque, en effet, le monopole concédé aux compagnies pour l'éclairage au gaz avait pour objet exclusif la conduite par canalisation souterraine, ce n'était pas violer cette première concession que de permettre la distribution, dans un intérêt collectif, de la lumière électrique, cette canalisation se faisant par des câbles aériens accrochés soit aux maisons, soit à des poteaux enfoncés dans la voie publique.

Tel ne fut cependant pas l'avis des concessionnaires d'éclairage au gaz. S'il était possible à la commune de concéder le monopole de conduire l'électricité par voie aérienne, ils restaient bien les maîtres du sous-sol ; mais ils n'étaient plus les maîtres du service de l'éclairage, puisqu'une entreprise concurrente naissait, qui devait fatalement diminuer leurs bénéfices.

On attaqua donc les communes pour avoir, en concédant le droit de distribuer la lumière électrique, manqué à leur engagement de ne pas « autoriser ou favoriser sur le domaine municipal tout établissement pouvant faire concurrence à leur concessionnaire ».Cette prétention, repoussée par beaucoup de conseils de préfecture, fut accueillie favorablement par le Conseil d'État.

Concédé pour les voies dépendant du domaine communal, ce monopole avait déjà été étendu même aux voies du domaine départemental ou national ; on voulait maintenant l'étendre à toutes les parties de la voie publique, même à la voie publique aérienne, en soutenant que c'était à tort que les communes accordaient d'autres concessions pour l'éclairage à l'électricité, puisque c'était autoriser et favoriser, sur le domaine municipal, la concurrence au concessionnaire d'éclairage au gaz.

On a fait valoir en faveur de cette thèse, favorable au monopole, de nombreux arguments : exposons-les aussi fidèlement que possible pour mieux pouvoir les réfuter ensuite [1].

Il est d'abord certain, fait-on observer, qu'il faut entendre d'une façon très large ce qu'on

1. Les procès occasionnés pour la concurrence faite au gaz par la lumière électrique sont devenus de plus en plus nombreux, depuis 1887. Comp. notamment: C. préf. Haute-Vienne, 24 juillet 1887, Limoges (G. i. 459) ; — C. d'État, 13 février 1888, *Saint-Étienne* (G. i. 153) ; — C. d'État, 22 juin 1888, *Tullins* (G. i. 149) ; — C. préf. Allier, 2 avril 1890, *Montluçon* (G. i. 10 ; Hérard, p. 115) ; — C. préf. Orne, 13 fév. 1891, *Argentan* (G. i. 193) ; — C. préf. Cher, 8 juin 1891. *Saint-Amand* (G. i. 95). — C. préf. Nièvre, 20 juillet 1891, *Nevers* (G. i. 191 ; Hérard, p. 152) ; — C. préf. Ardennes, 22 juillet 1891, *Sedan* (Rec. C. préf. 92, p. 137); — C. préf. Nord, 3 déc. 1891, *Cambrai* (G. ii. 223); — C. d'État, 26 décembre 1891 (S. 94, 3. 1; G. i. 21); *Villes de Montluçon et Saint-Étienne* (deux arrêts) ; — C. préf. Aix, 12 février 1892, Bourg (G. i. 1); — C. préf. Pyrénées-Orientales, 13 avril 1892, *Prades* (G. ii. 275); — C. préf. 28 juin 1892, Côte-d'Or, *Semur* (G. ii. 10); — C. préf. Creuse, 27 juillet 1892, Guéret (G. ii. 109); — C. préf. Yonne, 19 nov. 1892 (G. i. 471); — C. préf. Orne, 2 déc. 1892, *Flers* (G. i. 207); — C. préf. Lot-et-Garonne, 27 déc. 1892, *Villeneuve-sur-Lot*, p. 167, etc., — et parmi les arrêts les plus récents du Conseil d'État: C. d'État, 2 fév. 1894, *Argentan* (G. i. 201); — C. d'État, 11 janvier 1895 et 8 février 1895 (Sirey 1893 3. 129); — C. d'État, 8 mars 1895 (3 arrêts), 29 mars 1895 (2 arrêts) (Sirey 1897, 3, 17); — C. d'État, 30 juillet 1897, Cie *parisienne du gaz c. ville d'Auxerre* ; — C. d'État, 25 février 1893, *Ville de Fécamp c. dame veuve Legros.* — Comp en outre : Hérard et Sirey, *Les canalisations d'éclairage électrique ;* — Cruveilhier, *Les concessions d'éclairage*, Rev. Gén. d'Adm. 1898, et surtout les notes et les articles de M. Hauriou cités *supra,* p. 9, note 1.

appelle la voie publique. Elle comprend, non seulement le sol et le sous-sol, mais aussi tout ce qui est au-dessus. Qu'est-ce en effet que cette voie publique? C'est la propriété ou de l'État, ou du département ou de la commune. Or, aux termes de l'article 552 du Code civil, la propriété du sol entraîne celle du dessus et du dessous ; la voie publique comprend trois parties : le sol, le sous-sol et la partie aérienne qui est exactement au-dessus d'elle. Donc, si une commune s'engage à ne pas favoriser la distribution collective de l'éclairage par la voie publique, cette obligation s'entend à la fois de la distribution par voie aérienne et de la distribution par voie souterraine. C'est pourquoi la commune ne peut, sans violer le traité, concéder le droit de distribuer l'électricité au moyen de câbles aériens.

Comme cependant les mots « canalisation » ou « tuyaux de canalisation » pouvaient faire douter un peu de la justesse de cette interprétation, on les a dénaturés afin de mieux les adapter à la théorie soutenue. On a dit: il faut entendre la clause par laquelle la commune s'interdit d'autoriser, sur le domaine municipal, toute canalisation pouvant faire concurrence à son concessionnaire, en ce sens qu'elle s'interdit d'autoriser tout *établissement* pouvant faire concurrence. Or, si le mot canalisation ne peut s'appliquer à des câbles aériens, il en est autrement du mot établissement. Le monopole n'a donc pas seulement pour objet la distribution collective d'un éclairage spécial, le gaz, en empruntant une partie de la voie publique, le sous-sol ; il a pour objet la distribution de l'éclairage, de la *lumière*, en empruntant toute la voie publique, dessus et dessous.

En un mot, les entrepreneurs concessionnaires d'éclairage au gaz ont le monopole de distribution collective de la *lumière*, comme d'autres ont le monopole de la distribution collective de l'eau.

D'ailleurs, cette solution résulte de la nature des traités intervenus entre les sociétés concessionnaires et les communes. Ces traités sont des contrats synallagmatiques, dans lesquels les communes stipulent certains avantages en échange de certains droits donnés au concessionnaire. De plus, il faut bien remarquer que, dans ces traités, il y a en réalité une double concession : concession pour l'éclairage public et concession pour l'éclairage des particuliers. Mais il y a un lien indivisible entre ces deux concessions ; elles forment un tout, et les conditions de l'une s'appliquent à l'autre [1].

---

1. C'est la solution défendue notamment par M. Valabrègue (rapportée dans Sirey, 1894, 3, 1 et suiv.).

Or, il est certain que la concession pour l'éclairage public emporte, non seulement le monopole de l'éclairage public par le gaz, mais le monopole de l'éclairage public par un mode quelconque. Personne n'a soutenu que les communes aient le droit, pour leur éclairage public, de s'adresser à un autre fournisseur que le concessionnaire, ni contesté que le concessionnaire n'ait, à cet égard, un véritable monopole de distribution de lumière. La concession pour l'éclairage des particuliers doit donc avoir la même portée et s'appliquer à tout procédé d'éclairage, puisqu'elle fait corps avec la première, forme avec elle un tout indivisible, a été accordée pour les mêmes causes d'utilité et d'économie, et doit, par conséquent, produire les mêmes effets.

D'ailleurs, dans la plupart des traités, l'étendue du monopole est précisée dans ce sens par une clause dite *clause du meilleur éclairage*. Voici comment elle est ordinairement formulée: « Dans le cas d'une découverte sérieuse et incontestée, si la société concessionnaire juge à propos de l'employer, elle sera tenue d'en faire bénéficier la ville et les particuliers dans les proportions déterminées par l'administration supérieure, sur l'avis du conseil municipal. » Souvent, dans les traités faits par les villes de province, l'emploi par la société concessionnaire d'un meilleur mode d'éclairage est subordonné à cette condition que ce nouveau mode ait donné de bons résultats, au point de vue de la lumière et de l'économie, dans Paris et les plus grandes villes de France.

Que résulte-t-il de cette clause du meilleur éclairage? Cette conséquence fort simple que le droit exclusif de poser des tuyaux pour la conduite du gaz, dans le sous-sol des voies communales, n'est pas le seul privilège concédé par la commune: la commune a accordé en outre à l'entrepreneur concessionnaire de l'éclairage au gaz *un droit de préférence*, pour le cas où l'on viendrait à découvrir un procédé permettant d'obtenir l'éclairage par d'autres matières que la houille et pour un prix moins élevé[1].

Cette clause du meilleur éclairage nous indique donc bien la portée véritable du monopole concédé aux entrepreneurs d'éclairage au gaz. Les deux parties au contrat, la commune et l'entrepreneur, ont prévu que, de même que la découverte du gaz avait ruiné l'éclairage à l'huile, l'invention d'un autre procédé pouvait faire abandonner l'éclairage au gaz. Elles ont alors, dans cette éventualité, stipulé que les habitants devraient profiter de cette découverte d'un meilleur éclairage, et tout naturellement,

---

1. Cf. HÉRARD et SIREY, *op. cit*, p. 170.

il a été entendu, sinon expressément, du moins
tacitement, que l'entrepreneur de l'éclairage au
gaz aurait un droit éventuel au monopole du
nouvel éclairage.

Et si, dans la plupart des traités, il n'est parlé
que du « privilège exclusif de placer les *tuyaux
destinés à l'éclairage* », cela prouve, non pas qu'on
n'a pas prévu un nouveau mode d'éclairage, mais
simplement qu'on n'a pas prévu un mode d'éclairage se faisant par des câbles aériens et non par
des tuyaux souterrains.

Donc, restreindre le privilège exclusif de l'é-
clairage au seul éclairage par le gaz, c'est aller contre l'intention évidente des parties[1]. Autrement
interprété, en effet, dit le conseil de préfecture de
l'Allier[2], « le privilège concédé serait lettre morte,
puisque chaque habitant pourrait faire sur la
voirie urbaine une canalisation spéciale ou une
installation particulière pour son usage, *ce qui
enlèverait une rémunération sérieuse*, sur laquelle
le concessionnaire était en droit de compter,
d'après l'esprit et les termes des conventions,
etc. »

Enfin, cet argument, tiré de l'intention des
parties, est fortement appuyé par une considération empruntée à la valeur des traités dont il

1. Cf. HÉRARD, p. 113.
2. Cons. préf. de l'Allier, 2 avril 1830, *Montluçon* (HÉRARD, p. 99.
GARN. I, 19).

s'agit : les concessions de monopoles accordés par les municipalités sont irrévocables lorsqu'ils ont servi de base à un traité ; ce serait porter atteinte à ce principe de l'irrévocabilité que de permettre aux communes de concéder des entreprises d'éclairage électrique pouvant faire concurrence au monopole de l'éclairage au gaz[1].

Telles sont les principales raisons qui, accueillies par le Conseil d'État, ont amené une jurisprudence favorable au monopole, jurisprudence qui paraît fortement assise sur des raisons tirées du droit, de l'équité, de l'intention des parties ; jurisprudence aussi qui a peut-être oublié un peu que les monopoles dont il s'agit, pour n'être pas des monopoles de droit, sont cependant des restrictions à la liberté du commerce et de l'industrie.

Quoi qu'il en soit, cette jurisprudence existe, et même on a cherché, en dehors des arguments que nous venons de donner, à déterminer quel

1. Ce motif a été notamment invoqué devant le conseil de préfecture de l'Orne (13 février 1891, *ville d'Argentan*). En réponse aux arguments présentés par la ville pour se soustraire à toute responsabilité pour l'autorisation donnée à une entreprise d'éclairage par l'électricité, le concessionnaire objecte « qu'il est de principe absolu que les villes ont la propriété de la voirie urbaine, et que les concessions et monopoles accordés par les municipalités sont irrévocables lorsqu'ils ont servi de base à un traité, et que la ville d'Argentan a pu légalement concéder à la dame Stears le droit exclusif de se servir de la voirie urbaine pour l'éclairage soit de la ville, soit des particuliers ». (V. les conclusions dans Herard, p. 130 et suiv.)

motif suprême avait bien pu peser sur le Conseil d'État.

M. Hauriou[1] a cru trouver ce motif dans le désir de protéger les actionnaires des compagnies de gaz. On sait, en effet, que les concessionnaires d'éclairage, comme les concessionnaires pour la distribution de l'eau ou les transports, sont en général des sociétés « qui comptent une « quantité considérable d'actionnaires, sans « préjudice d'une quantité non moins considé- « rable d'obligataires; les actions et obligations « du gaz sont disséminées dans le public; elles « sont au nombre des valeurs de tout repos qui « figurent dans les portefeuilles; elles consti- « tuent une partie importante de la fortune pu- « blique. Adopter une jurisprudence défavora- « ble aux monopoles dont jouissent ces entre- « prises, n'était-ce point déprécier des valeurs « cotées en Bourse, provoquer une sorte de « crise financière. » Cela, il est vrai, peut se produire aussi pour les sociétés pour l'éclairage électrique; mais il faut y attacher moins d'importance, parce que les capitaux qui sont dans ces entreprises sont des capitaux de spéculation, non des capitaux de placement.

« Il s'agit d'ailleurs simplement, ajoute « M. Hauriou, de ménager une transition. Il est

---

1. Note dans Sirey (1897, 3, 177).

« bien clair que, si l'éclairage par le gaz est
« décidément inférieur à l'éclairage électri-
« que, finalement il disparaîtra. Chaque ville,
« à l'expiration de son traité, renoncera au gaz
« et adoptera l'électricité ; mais au moins, cette
« transformation se fera graduellement ; chaque
« ville sera obligée d'aller jusqu'au bout de
« son traité avec la compagnie du gaz, et,
« comme les traités sont de durée inégale, il
« subsistera des compagnies de gaz encore
« pendant un demi-siècle ; la baisse de valeur
« des actions sera lente ; les capitaux auront le
« temps de se placer ailleurs. Si, au contraire,
« on eût admis tout de suite la concurrence de
« l'électricité, toutes les villes à la fois auraient
« voulu l'éclairage électrique ; la dépréciation
« des actions et des obligations du gaz eût été
« brusque, et les pertes eussent été impossibles
« à conjurer. »

Nous croyons que la justification de la jurisprudence du Conseil d'État n'est pas toute dans
ces considérations « de haute administration »,
« qui ne sont pas de nature à être réduites en
considérants ». Du moins, il ne faut peut-être
pas croire que l'intention du Conseil d'État est
de favoriser plutôt l'éclairage au gaz que l'éclairage par l'électricité. C'est actuellement, à vrai
dire, le résultat pratique de sa jurisprudence.
Mais, si cette jurisprudence persiste, il viendra

un jour où les sociétés d'éclairage électrique pourront en bénéficier, et seront heureuses que le monopole qui leur est donné s'étende, non seulement à l'éclairage par l'électricité, mais à tout autre mode plus perfectionné qui serait découvert postérieurement à la conclusion du traité [1].

C'est là, croyons-nous, la seule façon raisonnable d'envisager le système du Conseil d'État. Malheureusement, de puissantes raisons d'ordre économique et administratif viennent battre en brèche une telle conception, et renverser les arguments sur lesquels on l'a savamment bâtie : le moment est venu de les exposer.

Il faut d'abord bien se souvenir de la nature juridique de la concession d'un monopole d'éclairage sur le domaine public communal. Bien qu'adjointe à un contrat, cette concession conserve sa valeur d'acte unilatéral et gra-

---

1. M. Cruveilhier explique la jurisprudence du Conseil d'État en disant que celui-ci n'a eu d'autre but, en condamnant la concurrence électrique, que d'interpréter l'intention manifeste des parties contractantes, et que de protéger les droits acquis contre la spéculation. (*Les concessions d'éclairage*, Rev. gén. d'adm., 1898, 3, p. 11.) Cette explication n'est vraie que pour partie ; elle est inapplicable aux contrats, et ils sont nombreux, faits à une époque où l'idée de la concurrence de l'éclairage électrique n'existait pas — l'intention des parties ne pouvait être de se prémunir contre une concurrence qu'elles ne prévoyaient pas. — Dès qu'on a entrevu la possibilité de cette concurrence, on a inséré dans le contrat ce qu'on a appelé la « clause du meilleur éclairage », et c'est dans ce cas seulement que peut intervenir l'explication de M. Cruveilhier.

cieux de la personne administrative ; et, comme il s'agit d'une concession de l'exercice des droits de puissance publique, elle est essentiellement temporaire. Ces droits de puissance publique doivent, en effet, être exercés dans le sens de l'utilité générale, et il ne faut pas que de simples intérêts privés viennent en paralyser l'exercice. C'est pourquoi, si, dans ses actes de gestion, la commune peut se lier, elle doit se lier le moins possible.

La commune peut donc faire avec un particulier un contrat dans lequel elle s'engage à ne pas révoquer, pendant un nombre d'années déterminé dans le cahier des charges, la concession qu'elle lui confère pour le rémunérer des services qu'il prend l'engagement de rendre ; mais cela n'empêche pas que la concession ne soit temporaire, le droit de révoquer étant seulement transformé en faculté de rachat ; et cela n'empêche pas non plus que la commune ne soit liée que dans la mesure où cela n'est pas incompatible avec l'intérêt public.

En un mot, il ne faut pas oublier que traité et concession sont des actes de gestion ; or, si, par les actes d'autorité, la puissance publique ne se lie pas du tout, par les actes de gestion elle *se lie le moins possible*.

Appliquons ces principes aux traités par lesquels les communes confèrent à un particulier le monopole de l'éclairage au gaz. La commune s'est liée, mais aussi peu que possible, c'est-à-dire que toute entrave à son indépendance doit être expressément stipulée ; la liberté étant la règle, il ne peut y être dérogé que d'une façon formelle.

Donc, la commune n'aura concédé un monopole que si, dans le traité, elle a pris l'engagement formel de ne pas autoriser ou favoriser d'entreprises concurrentes.

Donc aussi, si, dans le traité, il n'est question que d'un monopole de canalisation souterraine pour la conduite du gaz, et de l'engagement par la commune de ne pas favoriser d'entreprises concurrentes, il faut interpréter le traité de façon à respecter le plus possible l'indépendance de la commune ; il faut dire que la commune, qui, en principe, avait le droit de faire d'autres concessions d'éclairage, s'est engagée seulement à ne pas faire de nouvelles concessions d'éclairage au gaz.

La thèse que nous soutenons trouve d'ailleurs un puissant argument d'analogie dans les concessions faites par l'État ; il est même curieux de signaler une contradiction dans la jurisprudence du Conseil d'État : favorable au monopole pour les concessions d'éclairage sur le domaine public communal, elle est, au contraire, favorable à la liberté pour celles faites par l'État; notamment en matière de concessions de ponts, il a été décidé que, lorsque le cahier des charges annexé à l'ordonnance de concession d'un pont, ne contient pas de réserve interdisant à l'administration le droit d'autoriser la construction d'un autre pont dans le voisinage, l'autorisation d'établir ce pont ne peut donner lieu à aucune indemnité en faveur du premier concessionnaire.

Eh bien, pourquoi avoir deux règles d'interprétation différentes pour les concessions faites par l'État sur le domaine public national, et celles faites par la commune sur le domaine public municipal. Dans les deux cas, il s'agit de concessions sur des biens inaliénables et imprescriptibles, c'est-à-dire de concessions essentiellement temporaires; dans les deux cas aussi, la puissance publique s'est liée le moins possible.

Par suite, il est contraire à la notion de puissance publique de décider que, lorsqu'une commune s'est engagée à ne pas faire de concessions de canalisation dans le sous-sol des voies communales, elle s'est par là même interdit de faire des concessions de poser des fils ou câbles aériens pour la conduite de l'énergie électrique.

Qu'on ne dise pas que cette interprétation est contraire à l'intention des parties. En effet, au moment où la plupart des traités pour l'éclairage au gaz ont été passés, on ne connaissait pas d'autre éclairage que l'éclairage collectif par le gaz. On n'a donc pu vouloir empêcher la pose, à quelques mètres du sol, de fils aériens en conférant au concessionnaire de l'éclairage au gaz le privilège exclusif de placer des tuyaux sous la voie publique. Si, comme le veulent les partisans de l'interprétation extensive du monopole, on recherche quelle a été l'intention des parties quand elles ont traité d'une entreprise d'éclairage, on voit que ce procédé se retourne contre ceux qui l'emploient, et aboutit, au contraire, à une interprétation restrictive du monopole.

On objecte, il est vrai, que, dans les traités qui contiennent une *clause du meilleur éclairage*, cette clause est la preuve matérielle de l'intention de la commune et du concessionnaire de créer un monopole pour toute espèce d'éclairage.

Il n'en est rien : cette clause est tout simplement une *clause d'économie ;* c'est le moyen pour la commune concédante d'obtenir pour le même prix une meilleure lumière, ou de payer moins cher une lumière égale. En effet, au nombre des obligations contractées par la ville envers le concessionnaire, il y a l'obligation de consommer une quantité déterminée de mètres cubes de gaz. Elle a donc tout intérêt à être servie aussi bien que possible, et au meilleur marché ; d'où la clause du meilleur éclairage.

Du reste, cette clause ne lierait tout au plus la commune, ainsi que nous l'avons démontré plus haut, que pour le *service* de l'éclairage, le mot service étant entendu dans son sens administratif, et elle devrait pouvoir faire des concessions pour éclairer, par un meilleur éclairage, des établissements isolés, puisqu'il n'y a service que lorsqu'il s'agit d'une circonscription.

Aussi, il faut remarquer que cet argument n'a été invoqué que d'une façon subsidiaire pour conclure de la concession de l'éclairage au gaz à la concession de toute espèce d'éclairage. L'argument principal consiste dans la prétendue indivisibilité de la concession pour l'éclairage public et de celle pour l'éclairage des particuliers. Il ne résiste pas d'ailleurs à un examen minutieux.

Remarquons d'abord que chacune des deux concessions a un objet et une étendue différents. Dans les deux cas, il y a bien concession d'un monopole de *canalisation souterraine;* mais, pour l'éclairage public, il y a en plus monopole de *fourniture* de l'éclairage. En effet, s'il n'est pas au pouvoir d'une commune de lier ses habitants, elle peut s'engager elle-même ; elle peut accorder à un concessionnaire le privilège exclusif d'assurer le service de son éclairage public par tel mode d'éclairage qu'il lui plaira ; elle a le droit de lui donner le monopole de la *fourniture* pour l'éclairage public ; mais nous avons vu qu'en ce qui concerne l'éclairage des particuliers, elle peut seulement accorder le monopole de *distribution* empruntant le sous-sol de la voirie. La commune fait donc deux choses en ce qui la concerne : d'abord, elle concède le monopole de l'éclairage public ; ensuite, elle s'engage à consommer une quantité déterminée de gaz.

Il y a donc cette différence fondamentale entre la concession de l'éclairage public et celle de l'éclairage des particuliers, que la commune s'engage à consommer du gaz, tandis que les particuliers gardent leur complète indépendance vis-à-vis du concessionnaire de l'éclairage au gaz : ils peuvent, à leur gré, consommer du gaz ou s'éclairer d'une autre façon.

Nous ne voulons pas dire que cette indivisibilité n'existe jamais, et que, nécessairement, les deux concessions sont dissemblables. La commune peut en effet faire deux choses : ou bien établir une ressemblance entre les clauses relatives à l'éclairage des particuliers et celles relatives à l'éclairage public, de manière que, les conditions de l'une s'appliquant à l'autre, elles forment bien en réalité un tout indivisible ; ou bien, au contraire, établir des conditions différentes pour le marché qu'elle conclut pour elle-même et le marché qu'elle conclut pour les particuliers. Les deux façons de procéder sont également valables ; mais il faut reconnaître que, normalement, l'indivisibilité entre les deux clauses n'existe pas.

Normalement, il résulte de la concession pour l'éclairage des particuliers une obligation de *garantie*, en ce sens que la commune s'interdit de favoriser ou d'autoriser des entreprises concurrentes ; de la concession pour l'éclairage public découle, au contraire, une obligation de *consommer*, de se fournir de lumière chez le concessionnaire.

Et même, si l'on pousse un peu plus loin l'analyse, on reconnaît vite que cette obligation de consommer n'est, au fond, qu'une subvention pécuniaire donnée par la commune à son concessionnaire. Pour encourager les entreprises d'éclairage, les communes s'engagent à être les premiers abonnés de l'entrepreneur concessionnaire ; elles s'obligent à lui payer tous les ans une certaine somme.

Si ce caractère de subvention pécuniaire que nous attribuons à l'obligation de la ville de consommer tant de mètres cubes de gaz par an est exact, il en résulte cette conséquence très importante que la ville est libre d'adopter un nouveau mode d'éclairage, pourvu qu'elle continue

de payer sa subvention au premier concessionnaire.

Mais c'est là une conséquence très probléma-
tique : peu de communes, même celles dont les
finances sont prospères, consentiraient à payer
deux services d'éclairage pour n'user que
d'un seul ; et, d'un autre côté, les concessionnaires d'éclairage au gaz ne pourraient prétendre à un manquement au traité, et n'y songe-
raient même pas, puisqu'il n'y a véritablement
entreprise concurrente que dans le cas où la
dualité de concession d'éclairage se traduit par
une diminution de bénéfices pour le premier
concessionnaire.

Ce qu'il faut retenir, c'est que, normalement,
il est inexact de dire que la concession pour
l'éclairage public et la concession pour l'éclairage des particuliers forment un tout indivisible.
Ces concessions n'ont pas même objet. Il est
donc inexact de raisonner de l'une à l'autre,
de dire que les conditions de l'une s'appliquent
à l'autre et d'en conclure que, parce que l'une
est faite — ce qui, nous l'avons démontré, est
contestable — pour toute sorte d'éclairage,
l'autre met également obstacle à ce que la
commune accorde des concessions pour un
mode d'éclairage destiné aux particuliers et
empruntant la partie aérienne de la voie
publique.

En droit, l'argument tiré de l'indivisibilité des concessions n'est donc pas probant; en fait, il n'est pas meilleur. Il aboutit, en effet, à cette conséquence de rendre impossible l'établissement d'une société d'éclairage électrique, en vue de l'éclairage des particuliers, dans toute commune liée par un traité d'éclairage au gaz. En réalité, il étend un monopole au delà des limites dans lesquelles il a été créé.

Certes, les monopoles de fait dont il s'agit sont des monopoles nécessaires; mais cette nécessité est mesurée sur l'utilité publique, et ils deviennent aussi mauvais que des monopoles de droit, dès qu'ils dépassent la destination d'utilité publique en vue de laquelle ils ont été créés.

D'ailleurs, il ne faut pas oublier que tout monopole de fait, de même qu'un monopole de droit, est une exception dans notre droit public. L'un et l'autre créent des entraves au libre fonctionnement du commerce; tous deux, par conséquent, sont de droit étroit, et on ne peut en étendre les effets au delà de leur objet spécial.

Les monopoles de droit et, à plus forte raison, les monopoles de fait ne sont assurément pas des impôts. Ils ont cependant ce caractère commun avec les impôts d'être des exceptions au droit commun. Par conséquent, de même qu'en matière fiscale, le principe de l'interprétation littérale est de règle, de même en matière de contrats créant au profit d'entrepreneur de services publics communaux des monopoles de fait, il faut ne pas se départir du principe de l'interprétation stricte, c'est-à-dire interpréter toute clause douteuse, non en faveur du monopole, mais en faveur de la liberté.

On a fait justement remarquer que le principe de l'interprétation restrictive est notamment appliqué aux tarifs de chemins de fer. Or, nous avons déjà eu l'occasion de signaler quelle ressemblance intime il y avait entre les monopoles de fait résultant des concessions de chemins de fer, et les monopoles de fait communaux que nous étudions. Ce parallélisme devrait exister spécialement en ce qui concerne l'interprétation des traités. Au contraire, le Conseil d'État adopte, pour les conventions de l'État avec les compagnies de chemins de fer, et plus particulièrement pour les tarifs d'après lesquels elles perçoivent des taxes de transport sur le public, une interprétation restrictive, tandis que, pour interpréter les concessions de monopoles communaux, il se range à un principe d'interprétation très large.

Si cependant on interprète littéralement les tarifs, c'est pour « ménager le public et respecter autant que possible sa liberté »; or, est-ce que le public est moins à ménager lorsqu'il s'agit de monopoles pour l'éclairage ? En aucune façon, puisque c'est sur lui, en définitive, que réfléchit l'interprétation plus ou moins stricte que l'on donne du traité, et que pèse l'aggravation du monopole.

Par conséquent, nous arrivons encore, avec ce principe que les monopoles sont des exceptions, et que tout acte qui les crée doit être interprété restrictivement, à cette conclusion que les communes peuvent, sans manquer à leur engagement envers les sociétés d'éclairage au gaz de ne pas autoriser ou favoriser d'établissement pouvant leur faire concurrence, faire des concessions pour la distribution collective de la lumière électrique. Le monopole concédé doit, en effet, mettre obstacle le moins possible à la liberté naturelle de la rue. C'est pourquoi, s'il n'est pas étendu expressément à la distribution de l'éclairage par voie aérienne, si le traité ne vise que le privilège exclusif de la canalisation, la commune reste libre de disposer à son gré de la voie aérienne pour un autre mode d'éclairage.

On pourrait sans doute hésiter, si, dans les cahiers des charges où la commune s'interdit « d'autoriser toute espèce de canalisation ayant pour but de faire concurrence au concessionnaire », — formule qui est commune à beaucoup de traités, — on raisonnait sur l'interprétation du seul mot « canalisation ». En effet, ce mot peut être interprété dans un sens très large et étendu à tout mode de conduire l'éclairage.

Mais il est un principe commun à tous les contrats, et qui trouve son application ici : pour interpréter un contrat, il ne faut pas isoler les différentes parties les unes des autres ; car cette amputation du contrat peut conduire à des conclusions contraires à l'intention certaine des parties, telle qu'elle se dégage de l'acte tout entier. Ce principe a été remarquablement appliqué par le conseil de préfecture de l'Orne.

Il s'agissait d'interpréter un traité par lequel une commune avait conféré à un entrepreneur d'éclairage au gaz « le privilège exclusif de la « pose et du maintien des tuyaux de la conduite « et de la fourniture du gaz destiné à l'éclairage « public et particulier de la ville et de ses « dépendances. » Dans le traité, la ville s'était interdit « d'autoriser *toute espèce de canalisation* « pouvant faire concurrence au concession- « naire ». Le conseil de préfecture décida que cette clause ne mettait pas d'obstacle à une distribution d'éclairage électrique aux parti- culiers, au moyen de fils aériens.

« Considérant, dit l'arrêté, qu'on ne peut, dans un traité, distraire certains mots ou cer- taines expressions pour leur attribuer un sens autre que celui qui y a été attaché ; qu'il faut interpréter les clauses d'une convention les unes par les autres, et donner à chacune le sens qui résulte de l'acte entier ; — Considérant que la ville, en s'interdisant d'autoriser toute espèce de canalisation ayant pour but de faire concurrence à M. X..., a entendu s'interdire seulement la faculté d'accorder à tout autre qu'au sieur X.... l'autorisation de pose et maintien des tuyaux destinés à la conduite du gaz, — Que, si le mot canalisation peut à la rigueur être pris dans un sens très large, et s'appliquer à tout mode de transport d'un fluide quelconque, il faut, dans l'espèce, le restreindre au sens limitatif que lui ont donné les termes du contrat. »

Il serait cependant téméraire de penser que le Conseil d'État ait manqué à ce principe élémentaire d'interprétation des contrats, et il faut peut-être voir une des raisons les plus décisives de sa jurisprudence dans le rapprochement que nous avons signalé entre les distributions collectives d'éclairage et les distributions collectives d'eau.

Le Conseil d'État a, en effet, une tendance à envisager les concessions d'éclairage comme des concessions de lumière ; de même qu'il n'y a qu'une eau potable, il n'y aurait qu'une lumière. Toute concession d'entreprise d'éclairage doit donc être entendue dans le sens de

concession de monopole de distribuer la lumière,
et la concession ainsi entendue ferme la porte
à toute concession d'un nouveau mode d'éclairage.

On a, depuis longtemps, signalé ce qu'il y a
d'erroné dans ce rapprochement entre les monopoles pour la distribution de l'eau et les monopoles pour la distribution de la lumière. S'il n'y
a qu'une seule eau, bien que cette eau puisse
avoir des qualités différentes, il y a au contraire
plusieurs sortes de lumière. Il est bien vrai que
l'électricité comme le gaz sont produits par
des usines, et transmis aux consommateurs par
des canalisations; mais il y a entre les deux
lumières des différences considérables. C'est
ainsi, pour n'en citer que quelques-unes, que la
lumière du gaz est chaude, dénature les couleurs, peut occasionner des explosions ou des
asphyxies, et enfin reproduit le spectre solaire;
la lumière électrique, au contraire, est froide,
n'altère pas les couleurs, est peu dangereuse,
et donne un spectre différent du spectre solaire.

C'en est assez pour ne pas faire, du monopole pour un éclairage spécial, un monopole
pour toute espèce d'éclairage. Quand les traités
pour l'éclairage au gaz ont été conclus entre les
communes et les entrepreneurs, et quand, dans
ces traités, il n'a été parlé que du gaz, il faut en
conclure que c'est le monopole de *l'éclairage au*

gaz qui a été concédé, et non le monopole de l'éclairage, soit au gaz, soit à l'huile, soit à l'électricité.

Nombreuses donc sont les raisons qui protestent contre l'interprétation extensive donnée par le Conseil d'État aux monopoles de fait sur le domaine public communal, résultant de concessions d'éclairage. La raison qui domine toutes les autres est que tout monopole, qu'il soit de fait ou de droit, est une exception au droit commun ; or, c'est un principe qui rayonne sur tout le domaine du droit, que les exceptions doivent être entendues d'une façon restrictive, et qu'il faut profiter de toute fissure qui s'y produit pour laisser entrer le droit commun.

En abandonnant ce principe, on arrive à rendre insupportable un monopole de fait que l'on avait reconnu bienfaisant et, à certains égards, nécessaire. On a bien fait valoir, il est vrai, en faveur de cette extension du monopole, l'intérêt des actionnaires, l'intérêt aussi des concessionnaires actuels d'éclairage ; mais on a laissé totalement de côté l'intérêt public.

Les habitants d'une commune ont, en effet, intérêt à pouvoir obtenir, au fur et à mesure des perfectionnements de la science, un éclairage meilleur et moins cher. Ce sont des intérêts pécuniaires aussi, et il semble raisonnable de les protéger d'abord, avant de protéger ceux des actionnaires. C'est pour servir ces intérêts des particuliers que la concession a été faite, et que la puissance publique s'est liée. Mais, dès que la concession, faite dans une destination d'utilité publique, est retournée au profit d'intérêts purement privés, comme ceux des actionnaires, la puissance publique reprend sa liberté d'action, et elle peut faire de nouvelles concessions pour un nouveau mode d'éclairage, parce qu'elle ne s'est engagée que dans la mesure où l'intérêt public l'exigeait, et qu'en étendant un monopole, créé au profit de la collectivité, en faveur d'un seul, ce serait en réalité subordonner l'intérêt public à l'intérêt privé, et mettre les droits de puissance publique de la commune au service de quelques-uns, alors que leur destination est d'être mis au service de tous.

Il faut même aller plus loin, et reconnaître aux habitants d'une commune, non seulement un intérêt, mais un véritable droit à profiter des nouveaux perfectionnements de l'éclairage.

La thèse du Conseil d'État ne vient donc pas seulement paralyser l'essor de découvertes nouvelles, elle vient encore heurter de front ce principe fondamental en matière de concessions : les concessions ne peuvent nuire aux droits des tiers. Il y a, dans l'extension qu'elle donne aux monopoles, une lésion de ce que l'on pourrait appeler le *droit à un meilleur éclairage ;* c'est là une considération qui prouve que le droit d'exercer le monopole de l'éclairage, qui appartient au concessionnaire, doit être ramené aux strictes limites qui ont été posées dans le cahier des charges.

En résumé, le Conseil d'État a étendu le monopole de l'éclairage à trois points de vue : tandis qu'il ne devrait s'étendre qu'à la voirie communale, on l'étend à la voirie départementale et nationale ; alors qu'il ne porte que sur le sous-sol de la voie publique, on l'étend à la voie publique même aérienne ; alors enfin qu'il est un monopole d'éclairage, on en fait un monopole de *lumière.* Et tout cela, parce qu'on n'a pas voulu donner à des traités restreignant la liberté du commerce et la liberté de la puissance publique de la commune, l'interprétation restrictive qu'ils comportent.

On a signalé plusieurs remèdes [1] à l'état de choses créé par l'interprétation extensive du monopole. Pour nous, il n'y en a qu'un seul :

1. M. Hauriou en a indiqué trois : 1° la voie publique étant naturellement affectée à la circulation des distributions collectives, les priviléges de canalisation doivent être aussi exceptionnels que les priviléges de transport ; 2° les villes doivent ne retirer que des avantages modiques de ces concessions, et une surveillance attentive doit être exercée sur les clauses financières du traité et sur les tarifs ; 3° les concessions doivent être de courte durée, et précisées d'une façon aussi étroite que possible. (*Des dangers des monopoles de fait*, Rev. du droit public et de science politique, I, p. 85.)

l'exercice direct par les municipalités. Nous le démontrerons dans la troisième partie de cette étude. Auparavant, pour compléter la théorie de la concession des monopoles communaux de fait, il nous faut indiquer comment ils finissent.

§ 3

FIN DE LA CONCESSION.

Les monopoles communaux résultant de concessions sur le domaine public finissent :

1° Par l'expiration du terme de la concession ;

2° Par la déchéance du concessionnaire ;

3° Par la résiliation du traité ;

4° Par le rachat.

1° *Expiration du délai.*

L'expiration du délai pour lequel la concession a été faite est la fin normale de toute concession. Le délai maximum est de 99 ans.

Une clause du contrat indique généralement à partir de quel moment il faut compter le délai. Il part, soit du jour de l'inauguration du service, soit du jour de la signature du traité, soit de celui de son approbation par l'autorité supérieure. C'est la date de l'approbation qui servira de point de départ dans le cas où le traité ne dit rien à cet égard.

L'effet principal de l'expiration du délai est le suivant : la commune est subrogée dans tous les droits du concessionnaire sur l'exploitation du service et tout ce qui est nécessaire à cette exploitation ; elle entre immédiatement en jouissance de tous les produits de ce service.

Il faut toutefois distinguer le cas où il a été stipulé que la commune deviendrait propriétaire des travaux de celui où ils restent la propriété de l'entrepreneur, ce qui est l'exception. Dans ce dernier cas, l'entrepreneur est libre de disposer à sa guise des travaux et de leur donner telle destination qu'il lui plaît. Souvent, il les vend à la commune ou au nouveau concessionnaire qu'elle a choisi [1].

Dans le cas contraire, la commune aura le droit d'exiger que le concessionnaire lui remette tous les immeubles, et généralement tous les travaux nécessaires à l'accomplissement du service public, dans un bon état d'entretien. La commune a même le droit, dans les cinq dernières années qui précéderont le terme de la concession, de saisir les revenus du concessionnaire et de les employer à rétablir en bon état, soit les travaux destinés à la conduite de

---

1. Mais, lorsqu'un traité donne au concessionnaire, à l'expiration de délai, le droit de « disposer de son terrain, construction et matériel », cette disposition doit être entendue en ce sens que la commune ne s'est engagée à procurer l'établissement et le maintien des travaux destinés à fournir l'éclairage des particuliers que pendant la durée de l'éclairage public. Par suite, le concessionnaire ne peut pas, après l'expiration du délai, se servir de ce matériel pour l'éclairage des particuliers. (C. d'État, 9 juin 1876, *Ville de Crest*, Garnier 1, p. 118.)

l'eau, du gaz ou de l'électricité, soit le tramway et ses dépendances, si le concessionnaire ne se met pas en mesure de satisfaire à cette obligation [1].

En ce qui concerne spécialement les concessions de tramways, la loi reconnaît à l'administration, à l'expiration de la concession, le droit d'exiger que les voies ferrées qu'elle avait

1. Souvent le traité stipule qu'à l'arrivée du terme, le concessionnaire aura droit au renouvellement du service d'éclairage. Cette clause est ainsi formulée dans la plupart des traités : « Passé ce délai, la ville pourra procéder à une nouvelle adjudication ou à une nouvelle concession. — Toutefois, le premier entrepreneur aura la faculté de conserver, pendant.... ans à dater de l'expiration de son bail, les tuyaux déjà placés par lui, et de desservir l'éclairage particulier concurremment avec le nouveau concessionnaire qui aura été autorisé. » Il faut poser certaines règles relativement à l'interprétation de cette clause : 1° Elle ne met pas obstacle, dans le cas où la commune s'est réservé de son côté la faculté d'exiger la continuation du bail de l'éclairage public, à partir du jour où il aura pris fin, et si l'entrepreneur s'est interdit formellement de s'y refuser tant que durera la concession relative à l'éclairage particulier, — à ce que la commune puisse réclamer plus d'une fois la continuation de son bail pour l'éclairage public. (C. d'État, 14 février 1856, *Compagnie du Gaz de Londres*, Garn. I, 133.) — 2° Si le concessionnaire a usé de la faculté que lui donne le traité de conserver, pour l'éclairage des particuliers, les tuyaux existant sous le sol des voies publiques au moment où prend fin la concession, et que le maire lui ordonne d'enlever ses tuyaux, il a droit à une indemnité. (C. d'État, 18 mars 1868, *Boyard*, Garn. I. 172.) — 3° Cette indemnité doit être calculée d'après les bénéfices qu'aurait pu procurer la fourniture du gaz aux particuliers. (C. d'État, 20 novembre 1874, *Boyard*, Garn., I. 173.) — 4° Si un nouveau concessionnaire a été substitué au premier et subrogé aux droits de la ville contre celui-ci, ce nouveau concessionnaire a qualité pour poursuivre le premier concessionnaire devant le conseil de préfecture en exécution de ses engagements envers la ville. (C. d'État, 18 décembre 1896, *Morra*, Sirey 1898, 3, 143, la note et les renvois.)

concédées soient supprimées en tout ou en partie, et que les voies publiques lui soient remises en bon état de viabilité aux frais du concessionnaire [1].

La commune peut se réserver le même droit dans des concessions de distributions d'eau ou d'éclairage.

2° *Déchéance du concessionnaire.*

La déchéance est la sanction de l'obligation qui incombe au concessionnaire d'exécuter les travaux et d'exploiter les services publics en vue desquels ces travaux ont été faits. Il faut rechercher :

a) Pour quelles causes elle peut être prononcée ?

b) Qui la prononce ?

c) Quels en sont les effets ?

a) En principe, la déchéance est prononcée lorsque le concessionnaire n'a pas observé les conditions du cahier des charges, relativement à l'exécution des travaux ou à leur exploitation [2]. Ici encore, le principe de l'interprétation restric-

1. Loi du 11 juin 1880, art. 35. — Comp. aussi *Les tramways*, par M. GUILLAUME, *Rev. gén. d'adm*, 1881, I. p. 265 et suiv.

2. Comp., pour les concessions de tramways, les art. 20, 21, 22 et 41 du cahier des charges ; — pour les concessions de distribution d'eau, Conseil d'État, 8 février 1878, *Pasquet.*

tive domine : il ne peut être question de déchéance en dehors des cas et des conditions
formellement déterminés par le cahier des charges. La jurisprudence a déduit de ce principe
diverses conséquences intéressantes.

La première conséquence consiste en ceci :
une commune ne peut invoquer la déchéance
prévue au cahier des charges contre le concessionnaire d'un service public que dans les délais
fixés. Si elle proroge le délai et laisse achever
l'installation, il y a une sorte de renonciation
tacite à son droit de demander la déchéance.

Une commune ne pourrait donc pas, après
avoir laissé passer le délai prévu par le traité,
après avoir laissé continuer les travaux d'installation, et même avoir mis en demeure le concessionnaire de faire procéder à la réception des
travaux, invoquer la déchéance : ce serait considérer la clause du cahier des charges fixant le
délai pour l'exécution des travaux comme lettre
morte ; ce serait en même temps surprendre la
bonne foi de l'entrepreneur et en abuser, puisque
l'attitude de la commune lui a laissé croire
qu'elle acceptait l'état de choses existant et re-
nonçait à se prévaloir de la déchéance[1].

Deuxième conséquence : si le traité a stipulé

---

1. C. d'État, 3 juin 1891, *Boucard* (GARNIER, I, 44, HÉRARD et
SIREY, *op. cit.*, p. 320).

la déchéance pour le cas d'interruption de service, il faut que cette interruption existe réellement. On trouve souvent, dans les traités, la clause suivante: « Si, pendant le cours de la concession, le concessionnaire venait à cesser son exploitation ou était hors d'état de continuer, il serait déchu de plein droit du bénéfice de la concession, et la ville reprendrait le matériel, et pourvoirait au service public par tel moyen qu'elle jugerait convenable. » Cette clause ne permet de prononcer la déchéance que si, effectivement, le concessionnaire cesse son exploitation ou est hors d'état de continuer.

Mais il n'y aurait pas lieu de prononcer la déchéance en dehors de ce cas ; notamment, elle serait invoquée à tort contre un concessionnaire déclaré en faillite, s'il est bien constaté que cette déclaration de faillite n'entraîne pas en fait la cessation du service et la discontinuité de l'exploitation [1].

Enfin, une dernière conséquence de la stricte interprétation du contrat est la suivante: le manquement par le concessionnaire à l'une des obligations qui lui sont imposées par le cahier des charges, n'est pas une cause de déchéance, si aucune disposition législative ou contractuelle n'autorise la commune à pro-

---

1. C. d'État, 23 février 1883, *Boué* (Garn., 1, 130).

noncer, dans cette hypothèse, la déchéance de la concession [1].

La commune a seulement le droit de poursuivre par les voies de droit la résolution du contrat.

b) On pourrait croire que, la déchéance étant la sanction des obligations que la commune impose au concessionnaire d'un service communal, c'est à elle qu'il appartient de la prononcer. Il n'en est rien : la règle est que la juridiction contentieuse peut seule déclarer un concessionnaire déchu de ses droits [2].

Il arrive cependant parfois que le conseil municipal, en présence de l'inexécution d'une clause du cahier des charges, vote la déchéance. Quel est le résultat de ce vote ? Il est nul en ce qui concerne la déchéance, et la commune devra quand même, pour la faire déclarer, s'adresser au conseil de préfecture.

Un arrêt du Conseil d'État [3], précisant la portée d'un tel vote du conseil municipal, a déclaré cependant que la délibération du conseil municipal prononçant la déchéance a pour

1. C. d'État, 18 mai 1888, *Raoul* (Garn., 1 83).

2. C. d'État, 27 février 1885 (D. 86, 3, 87). — C. d'État, 18 mai 1888 (D. 89, 3, 80). — C. d'État. 22 mai 1892 (D. 93, 3, 93). — Pour les tramways, le cahier des charges, art. 20, dit : la déchéance sera prononcée par le ministre des travaux publics, sauf recours au Conseil d'État par la voie contentieuse.

3. C. d'État, 18 mai 1888, précité.

effet unique de rendre les torts communs aux deux parties, et de limiter les indemnités dues par le concessionnaire en faute.

c) De même que le cahier des charges doit dire dans quels cas et pour quelles causes il y a déchéance, de même il doit en indiquer les effets.

Il faut cependant prévoir le cas exceptionnel où le cahier des charges est muet. L'article 21 du cahier des charges type décide, en ce qui concerne les concessions de tramways, que, faute par le concessionnaire d'avoir terminé les travaux dans les délais fixés, celui-ci encourt la perte totale ou partielle de son cautionnement.

Il faut adopter la même solution pour les concessions de distribution d'eau ou d'éclairage: le cautionnement a, en effet, pour but et pour raison d'être de garantir à la ville l'exécution des travaux; ces travaux n'étant pas achevés, le concessionnaire perd la totalité de son cautionnement, ou au moins la partie de son cautionnement qui ne lui a pas été restituée [1].

Ce cautionnement appartiendra à la commune du jour où le conseil de préfecture aura prononcé la déchéance.

La plupart des cahiers des charges stipulent

____

1. DALLOZ, *Rép.*, v° *Concession administrative*, n° 103.

en outre des dommages-intérêts pour le cas d'inexécution des travaux ; souvent même, il est dit que la ville aura la propriété des travaux exécutés au jour où la déchéance est prononcée. Mais il est assez délicat de savoir si, en l'absence d'une clause formelle, ces travaux doivent appartenir à la commune sans indemnité.

Pour soutenir que le concessionnaire déclaré déchu doit être indemnisé des travaux faits avant la déchéance, on a prétendu qu'il a agi comme *negotiorum gestor* de la commune ; en cette qualité, il a droit à toutes les dépenses utiles qu'il a faites pour le compte de la commune [1].

Cette solution repose, croyons-nous, sur une conception erronée de la gestion d'affaires. Certes, la gestion d'affaires existe en droit administratif ; la jurisprudence en a fait, dans ces dernières années, d'intéressantes applications. Mais, pour qu'il y ait gestion d'affaires en droit administratif comme en droit civil, il faut que l'on soit en présence d'un tiers qui, sans mandat et de sa propre initiative, s'ingère intentionnellement dans le patrimoine d'autrui [2].

1. C. d'État, 11 juin 1886 (D. 87. 3. 18). — COPPER-ROYER, *op. cit.*, n° 97, p. 215.

2. C. : MICHOUD, *De la gestion d'affaires appliquée aux services publics* (Rev. d'adm. 1891, p. 5 et 146, et note dans *Pand. fr.* 1891. 4. 1) ; — HAURIOU, *Précis*, 3e édit., p. 828 ; — VITTORIO BRONDI, *Le*

La gestion d'affaires suppose donc la réunion d'un double élément : un acte spontané de gestion, élément de fait, et de plus un élément intentionnel, l'intention de faire l'affaire du maître : la *contemplatio domini*.

Or, dans l'hypothèse de travaux exécutés pour la commune, il est bien vrai que l'entrepreneur a l'intention d'agir pour la commune ; mais on ne peut dire qu'il s'est spontanément ingéré dans l'administration de son patrimoine. Ce n'est pas de son initiative qu'il a exécuté ces travaux; c'est pour satisfaire aux engagements pris dans le contrat qu'il a conclu avec la commune.

Ces travaux ont d'ailleurs une destination d'utilité publique ; il est stipulé dans le contrat que la commune paiera le concessionnaire en monnaie de puissance publique. Mais remarquons que la commune n'est obligée de payer ces travaux qu'autant que l'entrepreneur les lui a livrés aptes à remplir un service public. Par suite, en cas d'inexécution ou d'inachèvement des travaux, le service public ne pouvant être fait, disparaît l'obligation de la commune d'indemniser l'entrepreneur.

C'est donc à bon droit que le Conseil d'État [1]

pubbliche amministrazioni e la gestione di affari, 1895:- PILON. *Théorie générale de la représentation dans les obligations*, p. 237 et suiv.
1. C. d'État, 30 juillet 1885 (D. 86, 1, 427).

a décidé que les travaux déjà exécutés peuvent être attribués à la commune sans indemnité, quand bien même le cautionnement demeurerait acquis à la commune.

On a prétendu [1] que, dans le cas de concession d'un monopole de fait pour l'exécution et l'exploitation de travaux d'utilité communale, il était impossible, en cas de déchéance, de procéder à une réadjudication du contrat à la folle enchère de l'entrepreneur.

C'est là une erreur ; et, en matière de concession pour les entreprises d'éclairage au gaz, on trouve parfois la clause suivante dans le cahier des charges : « La commune se réserve le droit, au cas où le service serait suspendu, pendant... jours, de résilier le traité et de mettre le fermage de l'entreprise en adjudication à la folle enchère du concessionnaire. »

On objecte à cela qu'on ne trouverait personne pour soumissionner à une réadjudication, ou que les entrepreneurs qui le feraient n'y consentiraient qu'à la condition d'une élévation notable des droits du concessionnaire, élévation qui se traduirait par une perte directe supportée par le public.

Remarquons d'abord que ce ne sont là que des arguments de fait, et qu'aucune raison de

---

1. Copper-Royer, *op. cit.*, p. 207.

droit ne peut s'opposer à une réadjudication sur folle enchère. Mais, en fait, elle présente la même importance ici que pour un marché de travaux publics quelconque; et, si l'on veut mettre en avant l'intérêt du public, il est facile de montrer que cet argument se retourne contre ceux qui l'invoquent, puisqu'il va de l'intérêt bien entendu des habitants d'une commune de ne pas avoir d'interruption trop prolongée dans l'exécution de travaux destinés à un service d'utilité collective.

Il faut seulement décider que, conformément au principe d'interprétation stricte que nous avons posé, dans le cas où le traité prescrit la réadjudication sur folle enchère, on viole ce traité en traitant de gré à gré de l'exploitation de l'entreprise [1].

3° *Résiliation.*

Tandis que la déchéance ne peut être pro noncée que pour inexécution par le concession naire de ses obligations, la résiliation est à la fois la sanction des obligations de la commune et de celles du concessionnaire.

En principe, elle est prononcée toutes les fois que la commune ou le concessionnaire n'exé-

---

1. C. d'État, 19 décembre 1896, *Morra* (Garn., ii, 362).

cutent pas leurs obligations. C'est à elle aussi que l'on a recours dans le cas où le traité n'a prévu aucun cas de déchéance, et que les deux parties ne peuvent pas s'entendre sur l'une des conditions du traité [1].

Mais il peut aussi y avoir résiliation pour des faits indépendants de la volonté de la commune ou du concessionnaire. Il en sera ainsi, par exemple, dans le cas où, le traité ayant prévu le consentement d'un tiers à l'exécution de travaux sur sa propriété, ce consentement n'a pu être obtenu [2].

Par application de ce principe, on a décidé que, si l'inexécution par une compagnie du gaz de ses obligations, tenait à une circonstance indépendante de sa volonté, par exemple la rigueur excessive de l'hiver, la résiliation du contrat ne pouvait pas être prononcée [3].

Le principe d'après lequel il y a lieu de prononcer résiliation, dans le cas d'inexécution

---

1. C. d'État, 18 mars 1891, a prononcé résiliation du traité passé entre la Société des Eaux-Vannes et la ville de Rennes, parce que les parties ne pouvaient s'entendre sur le point où les eaux d'égout devaient être livrées par la ville et prises par la Société.

2. C. d'État, 26 juin 1891 (D. 92, 5, 118).

3. C. préfecture Seine, 25 mai 1892, *commune de Pierrefitte* (Garn., I, 367). — Pour les concessions de tramways, la déchéance ou la résiliation ne peuvent pas non plus se produire dans le cas où le concessionnaire n'aurait pu remplir ses obligations par suite de circonstances de force majeure dûment constatées. (Cahier des charges, art. 22.)

des obligations stipulées dans le traité, doit être interprété d'une façon stricte. La jurisprudence a fait de cette règle les applications suivantes :

Le seul fait par le concessionnaire d'avoir cédé ses droits à un tiers sans le consentement de la commune, contrairement au cahier des charges, n'est pas de nature à motiver la résiliation du marché, si c'est à un fermier que le concessionnaire a confié l'exploitation de l'entreprise, et si le concessionnaire ne conteste pas à la commune le droit de ne pas reconnaître la subrogation, et d'exiger qu'il continue à rester seul responsable du service vis-à-vis d'elle [1]. Du moment, en effet, où le cahier des charges interdit seulement une cession de concession, on ne peut voir une inexécution par le concessionnaire de ses obligations, dans le fait d'avoir fait exploiter son usine par un fermier, puisque la location n'est pas, au point de vue du droit, une cession de concession.

Ne doivent pas non plus être considérés comme des manquements aux engagements pris dans le traité, de simples irrégularités commises dans l'administration d'une société concessionnaire [2].

---

1. C. préf. Alpes-Maritimes, 27 mai 1880, *Ville de Cannes* (GARN., I, 46).

2. C. d'État, 18 mars 1892, *Ville de Limoux* (GARN,, 1, 77).

Enfin, il ne faut pas confondre la renonciation par le concessionnaire à une *faculté* avec
le refus d'accomplir ses obligations. Voici à
quelle hypothèse très fréquente nous faisons
allusion :

Beaucoup de traités pour l'éclairage au gaz
contiennent, ainsi que nous avons eu déjà l'occasion de le dire, la *clause du meilleur éclairage.*
Cette clause est formulée de la façon suivante : « En cas de découverte d'un nouveau
mode d'éclairage autre que le gaz, l'administration se réserve le droit de concéder toute autorisation nécessaire pour l'établissement du
nouveau système d'éclairage, sans être tenue à
aucune indemnité envers la société actuelle.
*L'administration s'engage toutefois à donner la
préférence, à conditions égales, à la société, si
celle-ci en fait la demande.* »

Que résulte-t-il de cette clause ? Une obligation ? Non, une simple faculté d'opter. Si donc
le concessionnaire n'use pas de cette faculté, il
ne manque pas pour cela à ses obligations, et
la résiliation ne pourrait pas, ainsi qu'on l'a
prétendu à tort, être prononcée de ce chef[1].

La conclusion qui se dégage de ces différentes solutions adoptées par la jurisprudence

---

1. C. préf. Lot-et-Garonne, 2 août 1895, *Ville d'Agen* (Garn. II.
180). — V. aussi : C. d'État, 29 mars 1895, *Cambrai* (Garn. II. 244.)

administrative sur la question de résiliation, prouve qu'elle ne peut être prononcée qu'en cas « d'inexécution par la commune ou le concessionnaire de leurs obligations », ces expressions entendues dans un sens strict [1].

C'est le conseil de préfecture qui est compétent pour statuer sur les demandes en résiliation. Il appréciera si les faits qui sont invoqués sont de nature à entraîner la résiliation du contrat, ou seulement une condamnation à des dommages-intérêts, ou même s'ils tombent sous d'autres sanctions prévues par le cahier des charges [2].

En principe, toute résiliation est accompagnée d'une condamnation à des dommages-intérêts. Il y a cependant exception à ce principe, dans le cas où le conseil de préfecture prononce la résiliation pour des faits indépendants de la volonté des parties.

4° Rachat.

La faculté de rachat qui est insérée dans la plupart des marchés d'entreprises de services communaux, est le contrepoids à l'abandon que

1. Cf.: C. d'État, 29 mai 1867, *Usines à gaz du Nord* (Garn. 1. 186); — C. préf. Loire, 18 février 1880, *Saint-Étienne* (Garn. 11. 166.); — C. d'État, 24 janv. 1896, *Saint-Étienne* (Garn. 11. 174).

2. C. d'État, 7 décembre 1877, *Gaz Riche* (Garn. 1. 70). — C. d'Ét., 8 mars 1889, *Mantes* (Garn. 1, 422).

la commune fait au concessionnaire de certains
droits de puissance publique. Elle a pour but de
permettre à la commune de vaincre les résistan-
ces qu'il plairait au concessionnaire d'un service
d'utilité communale d'apporter, par exemple dans
l'adoption de procédés nouveaux ou dans l'établissement des taxes ; en un mot, cette faculté
apparaît entre les mains de la commune comme
la sauvegarde des intérêts des habitants et du
droit qu'ils ont à profiter de tous les perfectionnements que peut apporter la science aux grands
services d'intérêt collectif.

Certains auteurs voient dans le rachat une
sorte d'expropriation pour cause d'utilité publique [1], parce que l'intérêt public qui motive le
rachat est — c'est là du moins ce qui arrive
normalement — en opposition avec l'intérêt du
concessionnaire. Ce concessionnaire tient en
effet des droits de la commune ; mais il peut se
faire que ces droits, par exemple le droit exclusif de fournir l'éclairage au gaz, ou le droit de
faire les transports par des tramways à chevaux,
soit en opposition avec l'intérêt général, qui veut
l'éclairage par l'électricité et des tramways à

---

1. Aucoc, *Conférences*, III, n° 1006, p. 55 et suiv. — Loening, *op.
cit.*, § 160, p. 629. — Ranelletti, *Rivista ital. per le sc. giur.*, T. XIX,
p. 77. — Picard, *op. cit.*, T. II, p. 563 : « Le droit de rachat • est l'application, sous une forme spéciale, du droit constitutionnel d'expropriation, dont le gouvernement ne peut se dépouiller. »

vapeur. Alors la commune peut l'exproprier de son droit pour raison d'utilité publique. Le rachat est donc bien une expropriation pour cause d'utilité publique.

Cette doctrine est fausse: l'expropriation d'utilité publique est une opération de droit administratif, caractérisée par une procédure spéciale; et, s'il est vrai que, dans certains cas, notamment dans l'hypothèse de rachat, il y a dépossession de droits privés dans un intérêt public, il faut se garder d'appliquer à ces situations la qualification d'expropriation pour cause d'utilité publique. Ces mots éveillent une opération spéciale, et on ne peut, sans s'exposer à de grosses erreurs, les détourner de leur sens technique [1].

Il faut donc chercher ailleurs la nature juridique du rachat. Elle est dans la nature juridique de la concession : celle-ci est, nous l'avons vu, un acte essentiellement unilatéral et temporaire. En principe, elle est révocable ; mais, dans les traités que la commune passe avec des entrepreneurs de services communaux, elle peut, dans la mesure où l'intérêt public l'exige, s'engager à ne pas révoquer la concession pendant un certain temps, et, au bout de ce délai, à ne la révoquer qu'avec indemnité: c'est la faculté de rachat.

1. Cf. SABBATINI. *Commento alle leggi sull' espropriazione per pubblica utilita*, 1890, T. 1, n° 19.

La faculté de rachat n'est donc autre chose qu'un succédané du droit de révocation : c'est un droit de révocation moyennant indemnité.

Il en résulte que la faculté de rachat est essentielle à la concession ; d'où cette conséquence très importante que, si elle n'avait pas été stipulée dans le traité, la commune pourrait néanmoins l'exiger [1]. Cette solution est admise pour les concessions de chemins de fer; elle doit être étendue par analogie aux concessions sur le domaine public communal.

Il faut même, croyons-nous, aller plus loin et dire que la commune, de même que l'État, ne peut pas renoncer à la faculté de rachat. — C'est l'aboutissement logique de la nature juridique de cette faculté et de la nature de la concession : une personne administrative ne peut pas faire l'abandon complet et irrévocable de ses droits de puissance publique.

Quant aux conditions de rachat, elles sont déterminées par le cahier des charges [2]. Normalement, la période pendant laquelle le rachat ne peut être fait, est de vingt-cinq ans pour les concessions de distribution d'eau ou d'éclairage. — Si le rachat est effectué, la commune devra

---

1. En ce sens, PICARD, *op. cit.*, T. II, p. 563 et suiv. — *Contra*, CARPENTIER et MAURY, T. III, n° 5557.

2. V. CAMMEO, *op. cit.*, T. 55, p. 586. — Pour l'Angleterre, comp. SILVERTHORN, *The transfer of gas-works to public autorities*, p. 78.

alors payer au concessionnaire, jusqu'à l'expiration du délai pour lequel le traité a été fait une annuité, calculée d'après la moyenne des recettes d'exploitation des cinq dernières années, frais d'exploitation déduits [1].

Par frais d'exploitation, il faut entendre les frais nécessités pour entretenir les ouvrages construits, pour payer le personnel, les impôts, les frais occasionnés par des procès relatifs à l'exploitation, et, d'une façon générale, tous les frais faits pour parvenir à fournir le service public en vue duquel la concession a été faite [2].

En principe, la faculté de rachat est soumise à l'existence de certaines conditions : la commune peut-elle faire le rachat en dehors de ces conditions, dans un intérêt public ?

La question a été surtout discutée à l'occasion des concessions de chemins de fer. Les uns soutiennent que l'État, en stipulant les conditions du rachat, a constitué un véritable droit en

---

1. Pour les tramways, l'art. 19 du cahier des charges décide que le rachat ne pourra avoir lieu en principe avant l'expiration d'un délai de 15 ans. Si on exerce le droit de rachat avant ce délai, il faudra se conformer à l'art. 11, § 3 de la loi du 11 juin 1880. Le terme de 15 ans sera compté à partir de la mise en exploitation effective du réseau entier, ou au plus tard à partir de la fin du délai qui est fixé dans l'art. 3 du cahier des charges, sans tenir compte des retards qui auraient eu lieu dans l'achèvement des travaux.

2. On peut noter, en outre, que souvent les concessionnaires stipulent que le rachat de leur concession devra donner lieu à une double annuité : l'une calculée d'après les résultats actuels de l'exploitation, la seconde basée sur une plus-value présumée.

faveur du concessionnaire [1], et que, si le rachat pouvait être effectué en dehors de ces conditions, celles-ci perdraient toute raison d'être, et deviendraient absolument inutiles. D'autres prétendent, au contraire, qu'il y a possibilité de racheter, même à d'autres conditions que celles fixées [2].

Cette opinion est préférable, et doit, par analogie, être étendue aux concessions faites par les communes. Le premier système, en effet, n'aboutit pas à autre chose qu'une renonciation de l'État ou de la commune à ses propres droits, à un assujettissement de l'intérêt public à l'intérêt privé.

Or, aucune autorité administrative ne peut poser l'intérêt privé en face de l'intérêt public, dans une position telle qu'il ne puisse être attaqué dans son existence. Ce serait ruiner la raison même de l'État ou de la commune, que de lui défendre l'accomplissement d'un acte aussi conforme aux buts qu'elle doit poursuivre.

La puissance publique, avons-nous dit, doit se lier le moins possible ; c'est pour cela que nous avons décidé que la commune pouvait exercer le droit de rachat, même dans le cas où

1 Aucoc, *op. cit.*, iii, *n.* 1341.
2 Ranelletti, *op. et loc. cit.*, n° 80.

il n'avait pas été stipulé dans le traité; c'est pour la même raison qu'il faut décider qu'il peut être exercé en dehors des conditions prévues par le traité [1].

Et cependant, à cause des indemnités que la commune doit payer au concessionnaire, il faut bien reconnaître que la clause de rachat, même interprétée d'une façon aussi large, ne peut pas donner satisfaction complète aux besoins publics. Il ne suffit donc pas que la commune se lie le moins possible envers un concessionnaire; il faut qu'elle ne se lie pas du tout. Elle doit, dans l'intérêt public, conserver entière son indépendance, et intacts ses droits de puissance publique; elle doit, en un mot, au lieu de concéder ces services communaux à des particuliers, les exploiter elle-même en régie directe.

C'est là une transformation qui, en droit, est possible, et, en fait, présente de très grands avantages. La troisième partie de cette étude va être consacrée à la démonstration de cette proposition.

1. Cf. CARPENTIER et MAURY. *op. cit.*, T. III, p. 231, nᵒ 5561.

TROISIÈME PARTIE

*Exploitation en régie directe par les municipalités
des monopoles communaux.*

Nous avons démontré, au début de cette
étude, que la commune avait le droit d'organiser toute espèce de service public local utile
aux habitants. Mais, à ce principe, on a apporté
deux restrictions : 1° la commune n'est maîtresse
d'organiser ces services que si elle les peut payer
sur les ressources ordinaires ; sinon, il lui faut
l'approbation de l'autorité supérieure ; 2° la
gestion du service communal ne doit pas constituer une gestion industrielle et commerciale.

Cette seconde conséquence est très grave ;
car elle aboutit logiquement à interdire à la commune l'exercice direct de la plupart des grands
services communaux, et en particulier de ceux
qui font l'objet de cette étude. Pourtant, après
avoir montré l'extension regrettable donnée par
le Conseil d'État aux monopoles résultant de la

concession aux particuliers, de l'exploitation de ces services, nous avons dit que le seul remède est dans l'exercice direct par les municipalités. Cette thèse est vraie, aussi bien pour les services publics de distribution d'eau (ce qui d'ailleurs est admis) que pour les services d'éclairage ou de transports en commun.

Nous allons le prouver en démontrant :

1° La possibilité de la régie directe au point de vue du droit administratif ;

2° Ses avantages au point de vue politique ;

3° Ses avantages au point de vue technique et commercial ;

4° Ses avantages au point de vue financier.

CHAPITRE Ier

POSSIBILITÉ DE L'EXPLOITATION DIRECTE AU POINT
DE VUE DU DROIT ADMINISTRATIF.

Nous voulons d'abord nous placer sur le
terrain du droit administratif pour défendre le
système de la régie directe, et combattre celui
de la concession.

Il faut immédiatement remarquer une ano-
malie dans la jurisprudence du Conseil d'État :
les communes peuvent exploiter en régie les
usines à gaz [1], il y en a de rares exemples. On
leur reconnaît aussi le droit d'être entrepreneurs
de distribution d'eau ; mais le Conseil d'État a
déclaré qu'elles ne pouvaient pas exploiter en
régie les omnibus et les tramways [2], et il s'est

1. Par exemple, à Tourcoing, à Maubeuge, à Saint-Maxime. Du
reste, c'est un point qui a été admis et considéré comme certain lors
de la discussion à la Chambre des députés de l'interpellation de
M. Guesde, relative à l'interdiction de la pharmacie municipale de
Roubaix (Ch. des dép., 20 novembre 1894 ; — *J. off.*, déb. parlem.,
p. 1908 et suiv.), et le Conseil d'État a décidé que toute commune
fabriquant du gaz pour le distribuer aux habitants doit payer la
contribution des patentes, en vertu de la loi du 15 juillet 1880, art 1er.
(C d'État, 8 mars 1895, Garn., II, p. 354.)

2. Avis du C. d'État, du 21 février 1887. (*Funiculaire de Belle-
ville.*)

appuyé sur les mêmes motifs pour défendre l'installation de pharmacies municipales [1]. Nous ne nous occuperons pas des pharmacies, ce n'est pas notre sujet ; d'ailleurs, la différence entre les deux commerces saute aux yeux, et l'on peut très bien être partisan de la mise en régie des tramways, tout en étant l'adversaire déterminé des pharmacies, boulangeries ou boucheries municipales, qui ne sont, pour ceux qui en sont les promoteurs, que les avant-gardes du collectivisme. Pourquoi donc, en ce qui concerne les tramways et les entreprises d'éclairage (car certains auteurs ne croient pas à la possibilité

1. V. lettre min., 21 août 1891. (*Rev. d'adm*, 1895, 1, 167.) — Avis du Cons d'État, 3 août 1891, et, pour la discussion théorique, le discours de M. Guesde et la réponse de M. Dupuy, *loc cit. supra.*— M. Guesde invoquait deux arguments : 1° les attributions des conseils municipaux, comprenant la défense des intérêts des administrés, et la sauvegarde des intérêts publics ; 2° on ne peut pas dire qu'il y a commerce, « puisqu'il s'agit de vendre au prix de revient ». M. Dupuy répondait par l'avis ministériel du 17 février 1894, l'avis du Conseil d'État du 3 août 1891, ainsi formulé : « Considérant que la fabrication, l'achat et la vente des médicaments constituent des opérations industrielles et commerciales, étrangères aux attributions légales des communes, et surtout par la nécessité de fermer complètement la porte au collectivisme.—V. aussi, sur cette question, une série d'articles publiés dans *Le Temps*, quelques mois après l'interpellation de M. Guesde, et une brochure intitulée *Roubaix socialiste, ou quatre ans de gestion municipale ouvrière*, par Siauve (Evausy), Lille, 1896. p. 36 et suiv., et *Rev. d'écon. politique*, 1893, p. 75. — On a invoqué les mêmes arguments de principe pour s'opposer à la création d'un service d'assurances municipales. (*Services communaux contre l'incendie*. Rev, gén. d'adm., mai 1898, p. 101 et suiv.) Il faut remarquer que l'auteur de l'article admet la régie directe pour les entreprises de distribution d'eau et d'éclairage.

d'usines municipales, alors qu'il en existe), repousser l'exercice direct ?

On fait valoir deux raisons, l'une théorique, l'autre utilitaire. La raison théorique est celle-ci : la commune n'a pas le droit de se livrer à une gestion commerciale et industrielle ; la commune peut, en principe, organiser tout service public local utile aux habitants, mais elle ne peut l'exploiter elle-même : toute gestion industrielle ou commerciale lui est interdite. « Si, dit un avis ministériel du 17 février 1894, par application de l'article 61 de la loi du 5 avril 1884, les conseils municipaux règlent les affaires des communes, cette disposition ne leur confère pas une capacité illimitée ; ils sont tenus de se renfermer dans le cercle de leurs attributions, et notamment ils ne sauraient, sans excéder la limite de leurs pouvoirs, engager les communes dans des entreprises commerciales. »

Et, peu après, le Conseil d'État déclare de même « les opérations industrielles et commerciales étrangères aux attributions légales des communes »[1].

Or, un service d'omnibus et de tramways constitue une opération commerciale ; donc la commune peut le créer, mais elle ne peut l'exploiter.

[1]. Avis du 3 août 1894.

Sur cet argument théorique, on greffe un argument utilitaire : il vaut mieux, quand on est victime d'un dommage, être en présence d'un concessionnaire qu'en face de l'administration : la commune se dérobe aux responsabilités [1].

Il faut d'abord répondre à l'argument de droit.

Comme personne administrative, la commune possède des droits de puissance publique. Or, c'est un principe de droit administratif que les droits de puissance publique ne doivent être exercés que par l'État ou par les personnes administratives membres de l'État [2].

Ce principe n'est d'ailleurs pas spécial au droit administratif : normalement, le titulaire d'un droit a l'exercice de ce droit. Si quelqu'un abandonne son droit, l'aliène, c'est qu'il peut lui-même l'exercer. Il semblerait assurément très paradoxal de dire qu'une personne peut disposer des droits qui lui appartiennent, mais ne peut les utiliser elle-même ; qu'elle peut vendre ou louer sa propriété, mais qu'elle ne peut la cultiver; qu'elle peut inventer et créer de toutes pièces une machine, mais qu'elle n'a pas le droit de s'en servir. Et pourtant, c'est à ce

1. V. C. r. Ac. des Sc. mor. et pol., T. 144, p. 800.
2. Hauriou, op. cit., p. 565.

paradoxe qu'aboutit la thèse sanctionnée par le Conseil d'État. On dit à la commune : comme personne administrative, vous avez des droits de puissance publique, vous avez le droit de créer des services publics; mais ces droits, vous ne pouvez les exercer, ces services que vous avez créés, vous ne pouvez les exploiter. La loi vous donne un droit, mais à la condition que vous en déléguiez l'exercice à des particuliers.

Étrange paradoxe, qui vient d'une méconnaissance de la nature des droits de puissance publique. Ces droits, en effet, sont-ils autre chose que des droits de souveraineté, c'est-à-dire, sous notre régime constitutionnel, des droits appartenant à tous les citoyens. Ceux-ci, ne pouvant les exercer eux-mêmes, en délèguent l'exercice aux personnes administratives, seules aptes à respecter leur destination essentielle d'utilité publique. Il est donc conforme à leur nature et à leur destination que la personne administrative à laquelle ils ont été délégués les exerce. Et voilà pourquoi le droit administratif a posé ce principe, dont nous avons fait le pivot de notre démonstration : les droits de puissance publique ne doivent être exercés que par l'État, ou par les personnes administratives membres de l'État.

Y a-t-il donc, en ce qui concerne la commune, quelque motif particulier pour déroger à ce principe ?

En droit, nous n'en voyons aucun. On admet que l'État peut exploiter les chemins de fer en régie : pourquoi la commune ne pourrait-elle pas exploiter en régie les tramways et les omnibus ? On admet aussi que les communes peuvent exploiter en régie le service public de distribution d'eau potable ; le Conseil d'État leur a reconnu le droit d'exploiter en régie des théâtres et des casinos[1]. Or, l'entreprise de distribution d'eau est au moins une entreprise industrielle, si elle n'est pas une entreprise commerciale ; et le Code de commerce (art. 632-3°) déclare formellement que toute entreprise de spectacles publics est un acte de commerce. Pourquoi alors dire que les entreprises de tramways ou d'éclairage sont des entreprises étrangères aux attributions légales des communes, parce qu'elles ont un caractère industriel et commercial ? Si la commune n'a pas le droit de se livrer à une gestion industrielle et commerciale, qu'on lui interdise tout acte de commerce ; sinon qu'on ne fasse pas des distinctions arbitraires qui conduisent à une jurisprudence contradictoire.

Et, si aucun article de la loi du 5 avril 1884 ne s'oppose à ce que la commune exploite en

1. V. Hauriou, *Précis*, p. 485.

régie des spectacles publics ou des entreprises
de distribution d'eau, la même règle doit s'appliquer pour toutes les entreprises. Si la commune ne vend pas l'eau, elle loue tout au moins
ses services aux habitants: pourquoi n'aurait-
elle pas aussi des tramways, des omnibus?
Pourquoi, si c'est une commune rurale, lui refuser le droit d'avoir une machine à battre, une
faucheuse municipale, et de louer les services
de ces machines?

De deux choses l'une : ou bien la commune
n'a pas le droit de se livrer à une gestion industrielle et commerciale; alors il faut lui interdire
toute entreprise industrielle, même celle de distribution d'eau potable; ou bien elle a ce droit
— c'est ce que nous avons démontré — alors
il n'y a aucun obstacle légal à la régie directe
de n'importe quel service d'intérêt communal.

On objecte le danger collectiviste. Mais le
danger collectiviste est dans la transformation
des services publics en monopoles au sens strict
du mot; il ne peut être dans le mode d'organisation de ces services. Or, un service public n'est
pas nécessairement un monopole. Exploités par
la commune, ces services seraient simplement,
comme dans le cas d'exploitation par un concessionnaire, des monopoles de fait[1].

1. Cf. Hauriou, p. 486.

On objecte aussi que la commune, en admettant qu'elle ait le droit de faire des opérations commerciales ou industrielles, n'a aucune aptitude pour remplir une telle fonction. Nous répondrons plus tard à cette objection en exposant, au point de vue technique, commercial et financier, les résultats donnés par les entreprises municipales. — Disons dès maintenant que des faits nombreux démontrent les bienfaits de la régie directe.

Faut-il enfin s'arrêter à cette considération pratique qu'il est plus facile à une commune qu'à un concessionnaire d'échapper aux responsabilités ? Non ; la commune est en effet, de même que l'État, responsable dans les termes du droit commun, non seulement pour les actes de gestion, mais aussi pour les actes d'autorité qui portent atteinte à des engagements pris dans un contrat [1].

1. La doctrine est en effet presque unanime, contrairement à la jurisprudence des tribunaux judiciaires, pour appliquer aux communes, pour déterminer leur responsabilité, les mêmes règles qu'à l'État, ce qui est logique, la commune exerçant les mêmes droits de puissance publique que l'État. — Comp., sur les différentes théories soutenues à propos de la responsabilité des communes : LAFERRIÈRE, *Jurid. adm*, 2ᵉ éd., T. 1, p. 686 ; – HAURIOU, *op. cit.*, p. 51 et suiv ; — DALLOZ, *Supp.*, vᵒ *Responsabilité*, nᵒˢ 410-863 ; — SIREY, *Rép. de droit fr.*, vᵒ *Comp. adm.*, nᵒˢ 1174 et suiv. — BÉQUET, *Rép.*, vᵒ *Commune*, nᵒˢ 2147 et suiv. ; — SIMONET, *Traité*, nᵒ 1027 ; — LESCUYER, *Rev. gén. d'adm.*, 1886. 3. 152 ; — PEETERS, *Tr. gén. de la resp. des communes et de leurs administrateurs* ; — REMY, *De la respons. de l'État, des communes*, dans *Belg. jud.* 1895, p. 1410 et suiv. ; — GALLOT et ROGUIN, *Thèses.* — GIORGI, *La dottrina*

En principe, il est certain que la commune
échappe à la responsabilité de droit commun
pour les actes d'autorité. Mais, si l'acte d'autorité contient une violation d'un contrat, comme
l'administration a pu valablement s'engager à
indemniser son cocontractant dans le cas où elle
exercerait ses droits de puissance publique
contrairement à la convention, la commune est
déclarée responsable dans les termes du droit
commun.

Or, c'est ce qui arrive pour la violation des
traités ayant pour objet l'entreprise de services
publics avec concession d'un monopole de fait.
Et, par application de ce principe, le Conseil
d'État a décidé notamment que, si une commune qui, par un traité, s'est interdit d'autoriser sur le domaine municipal tout établissement pouvant faire concurrence au concessionnaire, autorise le placement dans les voies
urbaines de fils pour la distribution de la lumière électrique, le concessionnaire ne pourra
pas faire supprimer ces fils; mais il aura droit à
être indemnisé.

En résumé, c'est seulement pour les actes
d'autorité purs et simples que la commune est

delle pers. guar., IV, p. 403 et suiv., et surtout BRÉMOND, *Rev. crit.*
1897, p. 420 et suiv.. et 1898, p. 424 et suiv.; — MICHOUD, *De la
resp. de l'Ét.*, *Rev. de droit pub. et de science polit.* 1895, nᵒˢ 3 et
suiv., et *De la resp. des comm. à raison des fautes de leurs agents*,
même revue 1897, p. 41 et suiv. et les arrêts cités.

soustraite à la même responsabilité de droit commun. Pour les actes de gestion, au contraire, elle tombe sous l'application des articles 1382, 1384, 1386 du Code civil; et, pour sa responsabilité pénale, il faut encore suivre les règles du droit commun.

Il n'y a donc, au point de vue théorique, aucun obstacle réel à l'exploitation en régie des services municipaux. Il reste à voir maintenant quels en sont les avantages ou les inconvénients au triple point de vue politique, technique et commercial, financier.

CHAPITRE II

AVANTAGES DE LA RÉGIE DIRECTE AU POINT DE
VUE POLITIQUE.

Voici quels sont les principaux arguments que l'on fait valoir en faveur de l'exploitation des monopoles communaux par des concessionnaires.

C'est d'abord l'inévitable argument du fonctionnarisme et des abus qui fatalement en résultent. La commune exploitant elle-même ses grands services communaux, l'armée des fonctionnaires augmenterait de nombreuses recrues, de sorte qu'il y aurait bientôt plus d'administrateurs que d'administrés.

Il en résulterait, comme principales conséquences: la disparition ou au moins l'affaiblissement de l'esprit d'initiative libre et des habitudes d'association volontaire; — l'affaiblissement aussi de l'indépendance électorale, les employés de la commune étant sous le joug politique de celle-ci, comme les autres fonctionnaires sont sous le joug de l'État. — Autant d'inconvénients de l'exploitation par la commune, qui inspirent à M. Leroy-Beaulieu cette réflexion singulière : « La tyrannie d'un sultan est moins redoutable que la tyrannie d'une paroisse [1]. »

L'exploitation directe aurait encore, de même que pour l'État, la conséquence d'affaiblir la commune par les réclamations, les plaintes, les procès occasionnés par l'exploitation. L'exploitation de services tels que l'éclairage, la distribution de l'eau potable, les transports en commun entraîne des rapports continuels entre les particuliers et la commune, suscite des réclamations incessantes. Et, s'il est vrai que les citoyens sont enclins par malice à décocher des traits contre le gouvernement, qu'ils saisissent toutes les occasions qui se présentent pour le tracasser, qu'ils font même intervenir la politique dans les procès qu'ils ont avec lui, on peut dire la même chose pour la commune, avec cette différence que la politique que l'on fait intervenir n'est bien souvent qu'une « politique de clocher ». Ajoutez à cela que les employés de la commune, comme ceux de l'État, sont passibles de poursuites correctionnelles, et vous admettrez alors aisément que la commune n'est

1. Leroy-Beaulieu, *l'État moderne et ses fonctions*, p. 239 et suiv. et p. 152. *Traité*, p. 629. — L'extension du monopole des communes, dit-il, « nous paraît dangereuse et au point de vue économique, et au point de vue politique, et au point de vue moral: ce serait une cause d'affaiblissement de l'esprit d'entreprise, des libertés publiques et de l'indépendance individuelle. »

pas faite pour exploiter, ou bien que, si elle exploite, elle affaiblit considérablement son autorité, parce qu'on oublie qu'elle est une émanation de l'État, une personne ayant des droits de puissance publique, pour ne voir en elle qu'un commerçant ou un industriel.

On fait valoir encore, en faveur de l'exploitation des grands services communaux par les concessionnaires, la nécessité qu'il y a de soustraire l'exploitation d'un service à des préoccupations politiques, afin de laisser à l'exploitation un caractère exclusivement industriel et commercial [1].

Enfin et surtout, on tire argument du rôle politique que doit jouer la commune. Il faut, dit-on, partir toujours de ce principe que la plus grande part d'initiative et d'action doit être laissée aux efforts privés, et que la commune ne doit exploiter directement les services publics que lorsque l'action privée fait défaut ou est impuissante.

Si la commune veut, au contraire, assumer une tâche susceptible d'être accomplie par l'industrie privée, elle aura vite fait de briser les ressorts de l'activité individuelle; et, d'un autre côté, sa puissance politique augmentant, on aboutira à un véritable despotisme municipal,

1. V. Achard, *Une distribution municipale de force motrice.* (*Rev. d'Éc. pol.* 1890 p 501.)

à la réalisation du programme socialiste, à l'in-
tronisation du grand collectivisme administratif[1].

Et à l'appui de ces raisons, on invoque les
mauvais résultats obtenus par la municipalisation des grands services communaux, notamment en Angleterre, résultats qui, nous le verrons, sont au contraire très favorables à la régie
directe[2]. On rappelle les attaques dont cette
municipalisation est l'objet. On cite notamment
les paroles de lord Salisbury : « Nous avons,
disait-il, un nombre suffisant d'exemples qui
portent sur la compétence des municipalités à se
charger d'opérations commerciales sur une
grande échelle. Nous savons que les tentations
sont énormes, et le danger qu'il faut envisager
est, non pas tant celui de voir des municipalités

---

1. Comp : LEROY-BEAULIEU, *L'État moderne*, p. 233 ; — *Du socialisme municipal*, Discussion à la Société d'économie politique, 5 juin
1897 (*Journ. des écon.*, 1897, p. 406 et suiv.)— Quand les communes exploitent elles-mêmes leurs services publics et sont abandonnées à elles-mêmes. dit M Brelay, « le protectionnisme local s'y
affirme victorieusement, et tout se fait en vue de favoriser largement
diverses catégories, telles que celles des employés et surtout des
ouvriers. » — « Il n'est pas bon, dit encore M. Desjardins (Social.
munic.— Acad des sciences mor. et pol., T. 141, p. 890), qu'une collectivité fasse concurrence à l'industrie privée: la commune sort de
son rôle naturel, et prend une place que ne lui assigne pas la nature
des choses, etc. »

2. V. les brochures publiées par la *Liberty and property defence
league*, et les études américaines intitulées *The relation of modern
municipalities to quasi public works — American Economic Association*.

se charger de ces entreprises elles-mêmes, mais bien de les voir administrer par des fonctionnaires salariés de ces municipalités, aux mains desquels se trouverait un pouvoir énorme et irrésistible, qui les expose à des tentations nombreuses sans responsabilité pour eux. » Lord Herschell [1], de son côté, exposa les mêmes craintes au sujet de l'exploitation directe des monopoles communaux par les municipalités.

Ainsi donc, sur le terrain politique, on reproche à l'exploitation directe d'affaiblir l'indépendance électorale et les habitudes d'association volontaire, d'affaiblir la commune par des plaintes et des litiges, de faire sortir la commune de son rôle. Ce sont les principales raisons que l'on a opposées au conseil municipal de Paris, qui se refusait à la prolongation de la concession de la Compagnie du gaz, afin de pouvoir exploiter en régie directe aussitôt après l'expiration de la concession [2].

Ce sont-là des griefs auxquels il est aisé de répondre.

Et d'abord, l'argument qui consiste à dire que la commune, devenue entrepreneur d'industries, profitera de l'accroissement de pouvoirs qui en résultera pour elle pour corrompre, dé-

1. LEROY-BEAULIEU, *L'État moderne*, p. 233.
2. V. dans *l'Économiste français* 1882, 2. 237.

moraliser et créer un nouveau despotisme, se retourne contre l'exploitation au moyen de concessionnaires. Ces concessionnaires sont en effet le plus souvent des sociétés par actions. Or, ce n'est un secret pour personne que les compagnies de chemins de fer tirent de leur monopole de fait un pouvoir politique considérable qui paralyse et parfois domine le pouvoir de l'État. — Il en est de même dans la sphère plus restreinte de la commune, et il y a même raison de craindre ici le pouvoir excessif de sociétés industrielles [1].

Tout pouvoir économique se résout presque fatalement en pouvoir politique ; par suite, il vaut mieux que ce pouvoir soit dans les mains de l'administration que dans celles d'une société ; et, si ce pouvoir doit se changer en despotisme, mieux vaut encore subir le despotisme d'une commune que celui d'une société, mieux vaut surtout que la commune reste maîtresse chez elle.

Qu'on n'objecte pas que, dans les pays où les libertés locales donnent de mauvais résultats,

---

1 L'école socialiste, et notamment Lassalle, Karl Marx, Henry George, Benoît Malon, Sydney Webb ont attaqué très vivement le pouvoir politique excessif des sociétés industrielles. — Cette puissance publique des sociétés industrielles existe surtout aux États-Unis. — V.: *Quarterly Review 1871*; — BRYCE, *The American Commonwealth*, III, p. 119 et p. 400; — CAMMEO, *op. cit.*, T. 55, p. 93.

où la vie communale est viciée par l'action dangereuse et passionnée de familles coalisées et de despotismes personnels, il est dangereux d'accroître le pouvoir des communes en leur donnant une nouvelle force économique. Car nous répondrons toujours que les sociétés, parce qu'elles sont souvent plus riches, ont par suite de plus grands pouvoirs, et qu'il est dangereux et d'une mauvaise politique de mettre les intérêts d'une commune sous la dépendance des individualités financières placées à la tête de ces sociétés.

D'ailleurs, il faut bien remarquer que les entreprises de grands services d'intérêt collectif ne peuvent être prises par l'initiative privée, que si elle y trouve avantage; de telle sorte qu'on aboutit à sacrifier les intérêts généraux à des intérêts particuliers. C'est pourquoi, du moment où ces services répondent à un besoin public, il rentre dans la fonction économique de la commune, même dans un État non socialiste, d'y pourvoir.

La fonction économique de la commune est, en effet, il faut bien s'en rendre compte, en perpétuel changement; son activité dans le domaine économique doit varier à mesure que change le régime de la production.

Au temps lointain de l'industrie agricole, la commune a été agricole; elle a eu et elle conserve encore aujourd'hui des biens immobiliers dont profitent ses habitants. Puis l'industrie devient corporative, et alors la commune, confondue avec les corporations d'arts et métiers, prend part à la production industrielle. Enfin, elle doit, à l'heure actuelle, subir le contre-coup de la grande industrie, et étendre son domaine économique dans cette nouvelle direction, si l'intérêt public l'exige.

Si donc il est de l'intérêt public bien entendu que la commune se charge de l'exploitation des grands services d'intérêt collectif, elle doit se plier à la satisfaction de ces intérêts ; sinon, elle abdique une de ses fonctions naturelles.

On aura ainsi l'avantage de voir une exploitation toujours dirigée dans le sens de l'intérêt général. Des considérations d'intérêt particulier viennent presque toujours fausser l'exploitation faite par des concessionnaires ; la commune, au contraire, peut se placer au-dessus de ces considérations, avoir toujours les yeux fixés sur l'intérêt général, le prendre pour le manomètre de tous ses actes, et, par cette consultation constante de la collectivité, pouvoir travailler utilement à la satisfaction de ses besoins.

L'administration, qu'elle soit nationale, départementale ou simplement communale, ne doit pas avoir peur de montrer quel rôle et quelle

influence économique elle peut avoir sur les
destinées économiques du pays. Elle ne sortira
de ces épreuves ni moins forte ni moins respectée. C'est une erreur, trop couramment
répandue et nullement justifiée, que, pour être
réellement forte et respectée, la puissance publique doit éviter de se montrer. Nous pensons,
au contraire, qu'en développant au grand jour
son action, en employant ses aptitudes dans le
sens de l'intérêt collectif, elle doit acquérir un
titre de plus au respect de ceux qui profiteront
des bienfaits de son administration.

Il est enfin facile de répondre à ceux qui
prétendent que l'exploitation directe aurait pour
conséquence fatale l'affaiblissement de l'indépendance électorale, les employés de la commune étant tenus constamment sous le joug de
celle-ci. Si l'on se place sur ce terrain, on peut,
en effet, adresser les mêmes critiques à l'exploitation par des compagnies concessionnaires et
à l'exploitation directe.

Dans les deux cas, l'indépendance électorale
peut être également compromise : le patron,
qu'il soit une commune, qu'il soit une société,
qu'il soit un individu, a les mêmes moyens, et
peut céder aux mêmes tendances pour essayer
de peser sur l'attitude électorale de ses employés.
Il n'y a aucune raison pour que les employés
d'une société soient, à cet égard, dans une

situation autre que les employés de l'administration communale.

C'est là, d'ailleurs, un argument qu'il ne faut pas exagérer : on doit en effet reconnaître que, souvent, les employés de l'État ou des communes, aussi bien que des grandes compagnies, ont des convictions politiques qui ne sont aucunement à la discrétion des sociétés ou de l'administration. On cède trop, chez nous, à la tendance malheureuse et injuste de considérer le fonctionnaire ou l'employé comme étant, au point de vue politique, l'homme lige du patron. Il n'en est rien, et il faut reconnaître, au contraire, que les uns comme les autres, tout en faisant leur devoir, savent reprendre leur indépendance personnelle dès qu'ils ne sont plus dans l'exercice de leurs fonctions, et ne pas se laisser imposer leurs bulletins de vote.

Il ne reste donc pas grand'chose de tous les obstacles que l'on a élevés sur le terrain politique, pour arrêter l'essor de l'exploitation directe des grands services publics par les municipalités, si ce n'est le spectre du collectivisme que, fébrilement, l'on agite pour effaroucher les municipalisateurs.

Mais, nous l'avons déjà dit, on n'est pas socialiste pour être partisan de la régie directe ; on n'est pas socialiste non plus pour être partisan de la décentralisation administrative, qui cepen

dant est le premier article de tous les programmes socialistes. Or, précisément, si la municipalisation est demandée par les collectivistes,
il faut constater qu'elle est aussi le résultat de
l'application stricte des programmes de décentralisation.

C'est notamment ce qui s'est produit en Angleterre. « La tendance à transformer les grandes exploitations en services municipaux, dit
M. Métin[1], est une des conséquences du mouvement démocratique et décentralisateur qui a
doté l'Angleterre de conseils locaux élus. Beaucoup plus extensive que le socialisme proprement dit, *elle est née avant lui;* elle a été réclamée
par des conseillers de comtés et de villes *qui ne
sont pas socialistes,* et ne veulent pas être qualifiés
de ce terme. Ainsi, deux des conseils les plus
municipalisateurs, ceux de Manchester et de
Glascow, ne comptent chacun que deux socialistes avoués. La municipalisation n'est donc
pas une idée Fabienne[2]. »

A-t-elle donc changé de caractère en chan-

1. MÉTIN, *Le socialisme en Angleterre*, 1897, p. 224.
2. La *Fabian Society* est actuellement l'agent le plus actif pour
le développement du socialisme municipal en Angleterre. Voici les
principaux points du programme qui doit être « le plus court chemin vers la démocratie sociale », selon la formule de M. Sydney
Webb, le représentant le plus autorisé de la Société : « Quand la
consommation est obligatoire, la coopération doit devenir obligatoire et se transformer en socialisme municipal. Par exemple, Lon-

geant de pays? On pourrait le croire; car tous les arguments que l'on tire de l'abus du fonctionnarisme, de l'affaiblissement de l'indépendance électorale, de l'affaiblissement de la commune par les réclamations et les procès ne sont que des arguments secondaires. L'unique raison est celle-ci : admettre l'exercice direct, c'est proclamer la bonté du programme socialiste ; c'est ouvrir une fissure par où pourra passer le collectivisme pour étouffer la société moderne. Donc, au point de vue politique, ne parlez pas d'exercice direct.

Nous pensons, au contraire, comme les municipalisateurs de Glascow: municipaliser n'est pas socialiser[1]. C'est seulement introduire dans l'ordre économique une amélioration qui ne peut

dres et Bristol n'auront l'eau en quantité suffisante que si leurs municipalités se mettent à la place des compagnies particulières. Pour tous les *services qui sont nécessairement monopolisés*, le socialisme municipal est préférable à l'entreprise capitaliste, soit individuelle, soit coopérative. Partout où un service ou la fourniture de quelque commodité implique l'exercice de pouvoirs discrétionnels et arbitraires sur les individus ou sur la propriété privée, le socialisme municipal est la meilleure solution. Par exemple, le droit de capter les sources et *d'éventrer* les rues pour y enfouir des conduites doit être retiré aux particuliers et réservé aux conseils des villes, etc. — V. MÉTIN, *op. cit.* p. 225 et suiv.; et *Some facts and considerations about municipal socialism*, dans *The cooperative wholesale societies annual for* 1896, P. 286.

1. Dans le même sens, M. Paul de Rousiers dit : « Le système de l'exploitation directe, *faussement appelé souvent socialisme municipal*, se recommande de quelques exemples célèbres, etc. — *Les trusts municipaux aux États-Unis*, Rev. pol. et parlem., 1898, T. 18, p. 99, note 2. »

bouleverser totalement l'ordre politique; c'est
sacrifier l'intérêt de quelques-uns — les con -
cessionnaires — à l'intérêt général. Cette vérité
apparaîtra éclatante lorsque nous aurons montré quels sont, au point de vue technique et commercial, puis au point de vue financier, les
avantages de l'exercice direct.

CHAPITRE III

AVANTAGES DE LA RÉGIE DIRECTE AU POINT DE VUE
TECHNIQUE ET COMMERCIAL.

Il y a longtemps que l'on reproche à l'État d'être un incapable au point de vue industriel et commercial. — Le même reproche est fait à la commune. En voici les principales raisons :

Comme l'État, la commune manque de souplesse et d'élasticité ; même dans le commerce, dans les discussions, elle conserve nécessairement son caractère de puissance publique. Indifférente au développement de l'industrie qu'elle exerce, rebelle à toute concession, se dérobant aux responsabilités, elle manque surtout de cet esprit d'initiative qui est le nerf de l'industrie moderne, et qui même vaut mieux que l'abondance des capitaux [1].

Dans les œuvres techniques qu'ils dirigent, les employés de la commune n'ont ni le stimu-

---

1, LEROY-BEAULIEU, *l'État moderne*, passim ; — *Traité*, T. 1, p. 629, et dans l'*Écon. fr.* 1888. 1. 353. — TREBBA, *L'amélioration des gouvernements par la concurrence* (journ. des Écon., 4ᵉ sér., T. 37, 1887, p. 119); l'*Écon. fr.*, 1890. 2. 618 et suiv.— Discussion sur le socialisme municipal à la Société d'Économie politique (Journ. des Écon. 1897, p. 418). — *Les nouveaux monopoles*, par E. RATOIN (Journ. des Écon. 1890, T. II, p. 177).

lant ni le frein de l'intérêt personnel. « Dans les conditions habituelles où ils opèrent, ils sont dans une certaine mesure détachés de leur œuvre. Sans doute, ils peuvent être animés de sentiments zélés pour le bien général ; mais ce zèle n'a pas cette sanction qui consiste dans le contre-coup immédiat et nécessaire des résultats pratiques de leurs travaux. Ils prennent souvent le change sur le caractère de leur mission; ils cherchent le grand au lieu de l'utile. Ils se placent, même pour des entreprises communes, à un point de vue esthétique qui conduit à un gaspillage de forces[1]. »

La commune n'a pas non plus la plasticité nécessaire à une bonne organisation industrielle, et il faudrait interdire absolument aux municipalités l'exploitation d'une entreprise industrielle quelle qu'elle soit. Les essais qu'elles ont voulu faire ont fait éclater aux yeux de tous leur infériorité technique. Plus que les sociétés, elles sont sous la dépendance des coteries, ce qui fait qu'elles cèdent plus facilement à l'arbitraire et à la fantaisie. A la différence des sociétés, elles n'ont pas cette énergie et cet amour-propre de bien faire qui sont la source de la production de la richesse et du progrès économique.

---

1. LEROY-BEAULIEU, *L'État*, p. 71.

A la différence aussi des employés des compagnies, les serviteurs des communes comme ceux de l'État, manquent d'activité et d'esprit d'épargne. Ils travaillent moins et moins bien que ceux de l'industrie privée. De même que l'employé de l'État, celui de la commune ne pense pas, ne lit pas, ne cause pas; l'interroge-t-on sur quelqu'une des « questions théoriques touchant de près sa profession, il avoue bonnement qu'il ne savait pas que la question fût posée[1] ». Il y a absence complète d'esprit de lucre du haut de l'échelle jusqu'à ses degrés les plus inférieurs.

D'ailleurs, pour que l'ouvrier travaille bien, il faut l'œil du maître, c'est-à-dire de la personne intéressée. Or, la personne intéressée dans l'administration de la commune, c'est le contribuable; mais le contribuable n'est pas le maître du fonctionnaire, c'est plutôt le contraire.

Il faut donc, en vertu de sa supériorité pour concevoir et pour inventer, pour modifier l'industrie au gré des progrès de la science, préférer l'action individuelle à l'action de la commune.

Il faut ne pas habituer les citoyens à demander à l'autorité communale la satisfaction de leurs besoins; car c'est comprimer l'initiative

3. GUIMBAUD, *L'employé de l'État en France*, p. 87.

privée, d'où viennent les entreprises d'améliorations durables et efficaces.

La jalousie et l'étroitesse d'esprit des conseils municipaux ne doivent pas paralyser la marche du progrès. Cette jalousie et cette étroitesse
d'esprit sont la cause du lent développement de
l'éclairage électrique en Angleterre et aux
États-Unis[1]. C'est pourquoi il faut en France
empêcher la municipalisation des grands services communaux, afin de ne pas assister à un
arrêt dans les progrès techniques des industries
pourvoyant aux besoins communs.

C'est toujours par l'initiative libre des individus et des associations que les progrès sociaux ont été obtenus. La commune est propre
à certaines tâches générales; mais elle est un
organisme trop pesant, trop uniforme, trop lent
à concevoir, trop dépourvu de la faculté inven-
tive et du don de l'adaptation pour devenir industrielle.

« Que les nations civilisées y prennent
garde! s'écrie M. Leroy-Beaulieu[2]. En subor-
donnant à outrance la volonté personnelle à la
volonté collective, elles détruiraient le principal
facteur de la civilisation. » Elles empêcheraient

1. C'est pour cela, prétend M. Leroy-Beaulieu (*L'État*, p. 232),
que l'on a voté une loi, au printemps de 1888, pour restreindre les
pouvoirs des autorités locales anglaises.
2. *L'État*, p. 137.

de pourvoir aux différents besoins de chacun avec ordre, suivant la hiérarchie naturelle, c'est-à-dire suivant le degré d'importance sociale des travaux.

Il est encore une condition indispensable au développement rapide et à l'exploitation progressive des grands services d'utilité publique : c'est un minimum de formalités administratives requises. Cette condition fait complètement défaut à l'industrie entreprise par la commune, qui, au contraire, se trouvera ralentie par les inévitables lenteurs bureaucratiques, occasionnées par la nécessité d'autorisations hiérarchiques, de vérifications, de contrôles [1].

Les sociétés anonymes ont, elles aussi, une bureaucratie ; mais cette bureaucratie, dégagée de toutes préoccupations politiques et religieuses, est plus cohérente, plus agile, plus prompte que ne le serait celle de la commune, une bureaucratie aussi qui est moins hautaine, et plus accessible aux réclamations des particuliers.

A cette lenteur administrative vient encore s'ajouter la lenteur d'exécution des travaux faits par la commune : on met deux ans où l'industrie privée mettrait six mois [2].

1, CAMMEO, op. cit., T. LIV, p. 95. — LEROY-BEAULIEU, L'État, p. 86-88, p. 140-2°.

2. LEROY-BEAULIEU, L'État, p. 160.

C'est là un argument qu'on a fait valoir depuis longtemps contre l'État, et qui inspira même, il y a quelque vingt ans, à M. Jacqmin, directeur de la Compagnie de l'Est, un article humoristique publié par la *Revue des Deux-Mondes*, où il montrait, par des exemples, combien il y a de la part de l'administration un défaut complet de promptitude de décision, et des lenteurs absolument préjudiciables à l'intérêt public.

Mais l'argument est assez faible, appliqué aux travaux entrepris par les communes. D'abord, ces travaux n'ont pas, en règle générale, autant d'importance que ceux entrepris par l'État, par exemple, que l'entreprise de la construction de chemins de fer ; ils présentent moins de difficulté, et, d'un autre côté, il est plus facile à l'administration communale de s'émanciper, et de prendre la liberté d'allures qu'exige toute opération industrielle.

Donc, appliqué à l'État, l'argument tiré de la lenteur de l'exécution des travaux peut être vrai dans une certaine mesure ; nous assistons trop souvent à un trop grand éparpillement des travaux publics sur le territoire national, et l'État a le tort d'entreprendre trop de travaux à la fois [1] ; mais cet argument ne peut être un

---

1. Par exemple, l'entreprise simultanée de plusieurs lignes de chemins de fer.

empêchement sérieux à l'exploitation directe par la commune des grands services d'usage collectif.

Les adversaires de la régie directe ajoutent encore que le mode de recrutement du personnel de l'administration communale, son instabilité, ses tendances sont autant d'obstacles au succès technique et commercial des entreprises municipales.

Son mode de recrutement: c'est un fait évident que les emplois sont attribués au favoritisme plutôt qu'à la capacité; que l'on tient très grand compte des recommandations et des influences, peu des aptitudes professionnelles[1].

Son instabilité: comme l'État, la commune « n'aurait pas de suite dans les idées et peu dans le personnel ». Quelle différence, à ce point de vue, avec l'administration des sociétés anonymes, dit M. Leroy-Beaulieu[2]. « Les sociétés anonymes ne sont pas des démocraties à personnel variable; elles procèdent du suffrage censitaire, c'est-à-dire que, pour une voix, il faut posséder tant d'actions; or, comme il est rare qu'une seule personne ait tous ses fonds dans la même affaire, on peut poser en principe que les sociétés anonymes n'ont pour associés jouis-

---

1. Leroy-Beaulieu, *L'État*, p. 65. — Article de M. Brelay dans l'*Écon. fr.*, 1889, 1, 429.
2. *L'État*, p. 78.

sant du droit de suffrage que des personnes
possédant une certaine aisance, et imbues de
toutes les idées pondérées que l'aisance confère
en général. D'où les sociétés anonymes qui réus-
sissent, se transforment en fait, à la longue, en
aristocraties et monarchies tempérées », stables,
respectueuses des traditions et des règles éta-
blies. Elles ont aussi un personnel d'employés
de beaucoup supérieurs à celui des administra-
tions, parce qu'elles sauvegardent mieux la
liberté individuelle et les tendances de chacun.

Enfin, créer des industries municipales,
c'est ouvrir la porte aux irresponsabilités, aux
lois dérogeant au droit commun, aux juridictions particulières, plus ou moins partiales.
« Que deviendrait-on, dit un économiste, s'il
était constaté qu'un boulanger municipal s'est
trompé sur le poids du pain, un pharmacien
municipal sur le poids des drogues[1] ? » Ou bien
si la commune fournit un éclairage et une eau
de mauvaise qualité ?

Autant d'arguments qui ne résistent pas à un
sérieux examen ; car l'application au travail
des agents de la commune ne diffère pas autant
qu'on le prétend de celle qu'on rencontre dans
l'industrie privée. « Bien que moins rétribués[2],

1. Discussion sur le socialisme municipal. (*C. R. Acad. des sc.
mor. et polit.*, т. 144, p. 800.)
2 PICARD, *Traité des chemins de fer*, I, p. 596.

les fonctionnaires publics ont en général un
sentiment profond de leurs devoirs ; en tout
cas, ce sentiment est assez développé chez
les agents supérieurs auxquels il appartient
de donner l'impulsion aux services, pour
que les adversaires de toute exploitation directe
par les personnes publiques n'y trouvent
pas une raison péremptoire à l'appui de leur
thèse.

Quant au vieil argument du favoritisme qui
préside au recrutement du personnel de toute
administration départementale ou communale,
il ne faut pas non plus l'exagérer, et, dans la
mesure où il est vrai, en prendre son parti. Le
favoritisme apparaît dans l'histoire comme une
partie intégrante de toute administration et de
tout gouvernement. Il y a un millier d'années[1],
Ouang-Ngann-Ché, socialiste chinois, appelé
par l'empereur pour élaborer une organisation
socialiste, afin de remédier aux maux dont souf-
frait le pays, commença d'abord, au grand éton-
nement des fils du ciel, par peupler de ses
créatures l'administration et les tribunaux. Ce
sont réformes qui n'étonnent plus aujour-
d'hui : le favoritisme fait partie de toute administration, comme le noyau fait partie du fruit ;

1. Léon CAHUERT, *Un Essai de socialisme en Chine au XIe siècle.*
— Trad. de l'Acad. des Sc. mor. et pol., 1895, T. 144, p. 763 et
suiv.

pour le détruire, il faudrait d'abord détruire l'administration [1].

Il n'y a pas à s'arrêter davantage à cette considération [2] que la commune, comme toute administration, sera tentée d'appliquer un régime égalitaire, c'est-à-dire contraire à tout développement commercial, et de régler les tarifs d'après des formules mathématiques, ce qui serait méconnaître les principes les plus élémentaires de l'économie sociale. Elle aura, au contraire, un plus grand souci de faire cadrer son régime et ses tarifs avec les besoins généraux que les sociétés concessionnaires, dont tous les actes ne sont inspirés que par une idée de lucre.

On prétend, il est vrai, que, par suite de son origine, qui est l'élection, elle ne peut pas concevoir les intérêts sociaux sous leur forme synthétique; qu'elle n'a, pour ainsi dire, jamais en vue que des intérêts particuliers, que l'intérêt collectif lui échappe; qu'elle est surtout guidée par la préoccupation de payer peu le travail, et non par le désir d'aboutir à un mode de production socialement économique.

---

1. On peut même dire qu'il est plus facile de lutter contre le favoritisme d'une administration que contre celui des compagnies privées, grâce à une application rigoureuse de tableaux d'avancement.

2. Leroy-Beaulieu, *L'État*, p 65, 70, 236 et 180.

Mais, est-ce que cette critique ne s'adresse pas plutôt aux sociétés, qui font passer avant tout l'intérêt de leurs actionnaires, se préoccupent plus de l'accroissement des dividendes à distribuer que de l'intérêt des particuliers, et, en un mot, s'attachent moins à la satisfaction des besoins qu'aux ressources financières qu'on en peut tirer [1]?

C'est là un point sur lequel nous aurons d'ailleurs l'occasion de revenir, en développant les motifs qui nous font préférer l'exploitation par la commune à l'exploitation par des sociétés concessionnaires, au point de vue des résultats techniques et commerciaux. Ces motifs sont les suivants :·

a) L'exploitation directe est soumise à un contrôle plus effectif et plus direct que l'exploitation par voie de concession.

b) La commune se prête plus facilement aux perfectionnements incessants que comporte l'exploitation.

c) La commune est portée davantage à se préoccuper surtout de l'intérêt général.

---

1. M LEROY-BEAULIEU (*L'État*, p. 180) dit encore que l'exploitation par l'administration est préférable à l'exploitation par un concessionnaire, parce qu'il y a moins de personnes à convaincre pour faire quelque chose et, partant, une moindre propension à la routine. Mais il nous semble, au contraire, que plus la consultation ou le contrôle sont étendus, plus il y a de chances pour que les mesures prises soient conformes à l'intérêt général.

En développant ces propositions, nous aurons démontré que la prétendue infériorité des industries des communes n'est pas autre chose qu'un procès de tendance, et que, pratiquement elles donnent de meilleurs résultats que les exploitations privées.

a) Au point de vue politique, nous avons démontré que, lorsqu'une industrie était monopolisée, il était préférable que le monopoleur fût la commune. Au point de vue technique et commercial, le même principe peut être posé : il y a plus à attendre d'une administration publique que d'une entreprise particulière.

Nous adoptons absolument à cet égard la formule du programme de Sydney Webb : « Partout où un service ou la fourniture de quelque commodité implique l'existence de pouvoirs discrétionnels et arbitraires sur les individus, la municipalisation est la meilleure solution. »

Qui ne voit, en effet, combien le contrôle de l'exploitation est plus large ici que pour les sociétés concessionnaires ? Les contrôleurs, ce sont tous les habitants de la commune. Les administrateurs de la société ne sont responsables que vis-à-vis de leurs actionnaires ; la commune l'est devant tous les citoyens. Une exploitation défectueuse peut, dans le système de concession, faire baisser les dividendes ; dans

le système de la régie directe, elle peut culbuter
le conseil municipal.

Une société fait de bonne exploitation dans
un intérêt pécuniaire; une commune en fait
dans un intérêt politique. Sous le coup de fouet
de l'intérêt électoral, elle satisfait aux besoins
de ses habitants. Et cet intérêt, à défaut d'un
idéal plus élevé, lui sert à la fois de stimulant
et de frein.

D'ailleurs, ainsi qu'on l'a fait justement remarquer[1], les entreprises de grands services
communaux constituent des industries fort
simples. La production de l'éclairage ou de
l'électricité ne recèle aucun mystère, à plus
forte raison la distribution de l'eau; les communes peuvent donc bien produire elles-mêmes le gaz ou l'électricité, distribuer l'eau ou la
force motrice, exploiter des services de transports en commun.

b) Nous avons ajouté en outre que, mieux
que les sociétés, les communes se prêteront
facilement aux perfectionnements incessants
que comporte l'exploitation des monopoles communaux[2].

Ces entreprises doivent pouvoir, en effet,

1. FOURNIER DE FLAIX, cité par B. Malon, *Le socialisme intégral*,
T. II, p. 357
2. *Contra*, LEROY-BEAULIEU. *L'État*, p 87.

profiter des progrès nouveaux. Il peut être nécessaire, avant d'entreprendre un nouveau mode
d'éclairage ou de traction pour les omnibus et
les tramways, de faire des expériences, de ris-
quer des capitaux sans aucune certitude de
réussite, en un mot de faire des améliorations
dont le seul résultat sera d'accroître le bien-être
des habitants, sans pour cela faire augmenter
les recettes.

Or, les sociétés, qui ont à compter d'abord
avec les résultats financiers des entreprises, et
ne peuvent laisser des capitaux improductifs
pendant un délai plus ou moins long, ne sont
pas aussi libres que la commune pour faire ces
expériences de procédés et de méthodes nouvelles. Qu'une ville ait un traité de soixante ans
avec un entrepreneur pour l'éclairage au gaz,
et voilà, surtout avec l'interprétation extensive
que donne le Conseil d'État aux monopoles
concédés aux compagnies pour l'exploitation
du service communal, les habitants de la ville
obligés de subir un éclairage qui est plus dé-
fectueux, et peut-être coûte plus cher que l'éclairage par l'électricité ou par tout autre nouveau
procédé. C'est là la cause du développement très
lent de l'électricité en France. Chaque fois
qu'un essai a été tenté dans une ville où il y
avait un concessionnaire de l'éclairage au gaz,
on s'est heurté au monopole de *lumière* inventé

par le Conseil d'État pour le grand bien des actionnaires et le mal du public.

En Allemagne [1], au contraire, le système d'exploitation en régie des usines à gaz fait que la substitution de l'éclairage électrique au gaz peut s'opérer à tout instant, sans que les municipalités soient gênées comme dans le cas où elles ont accordé des concessions.

C'est là un des arguments les plus forts que l'on puisse faire valoir en faveur de l'exploitation directe. Liée par le traité qu'elle a conclu avec l'entrepreneur, la commune ne peut, à moins de racheter dans des conditions souvent très onéreuses, faire bénéficier ses habitants des progrès de la science. Soutenue par une jurisprudence qui paralyse tout progrès technique, sous

1. C'est ainsi que Cologne, parce qu'elle avait une usine municipale de gaz, a pu, en 1891, installer une usine municipale d'électricité qui fonctionne concurremment avec l'usine à gaz. Les résultats n'ont pas d'abord été très bons, parce que le gaz était à bas prix (13 pf. par m. c.). C'est là, du reste, un fait commun avec beaucoup d'autres villes: l'électricité coûte plus cher que le gaz. Le rapport entre le prix de l'éclairage au gaz et de l'électricité est: à Berlin, de 1 à 1,25; à Elberfeld, de 1 à 1,39; Hanovre, 1 à 1,46; Cologne, 1 à 1,88, Mais il faut remarquer que, le prix ayant été abaissé (1 à 1,44, la consommation de l'électricité a immédiatement augmenté: le nombre des lampes est passé de 10.707 (1891) à 15.329 (1893). Berlin a pu de même user de la lumière électrique, mais elle n'a pas créé d'usine municipale: elle a passé une convention avec *Berliner electricitæts-werke*. Munich, au contraire, qui avait concédé à une compagnie le privilège exclusif de l'éclairage au gaz, n'a pu s'éclairer à l'électricité. — Sentence arbitrale du 2 juillet 1885. — Dans le même sens: Tr. comm. Anvers, 12 déc. 1885; — Cour d'Anvers, 20 avril 1887; — C. d'ap. de Florence, 27 nov. 1890. — Pour plus de détails, v. *Rev. gén. d'adm*, 1892, 1, 87; 1894, 1, 79; 1895, 3, 210.

le prétexte peut-être qu'il ne faut pas toucher à ces services par crainte de faire baisser la valeur des actions, la commune opposera une fin de non-recevoir à toute tentative de perfectionnement de l'éclairage ou des transports.

Que la commune soit, au contraire, son propre entrepreneur, qu'elle exploite par elle-même ses services, qu'elle soit, en un mot, la maîtresse chez elle, et plus rien n'empêche que l'innovation ne soit immédiatement réalisée.

c) Du reste, en dehors de cette entrave juridique que met le système des concessions à l'amélioration des services communaux d'usage collectif, il est bien certain que les sociétés, sous l'influence continuelle de préoccupations exclusivement financières, sont amenées fatalement, quoi qu'on en ait dit, à faire passer leurs intérêts avant ceux de leurs consommateurs, à se préoccuper plus de l'augmentation de leurs recettes que de l'application de découvertes nouvelles.

Les mêmes nécessités financières leur font favoriser tel quartier au détriment de tel autre, desservir les quartiers riches, y multiplier les lignes d'omnibus ou de tramways, tandis que les quartiers pauvres sont délaissés [1].

1. V.: note de M. HAURIOU dans SIREY, 1897, 3, 18; — VEBER, *Le socialisme municipal* (Rev. socialiste 1893, p. 648 et suiv.); — ACHARD, *Une distribution municipale de force motrice* (Rev. d'éc. pol. 1890, p. 500 et suiv.)

C'est à ce point de vue que l'on s'est placé tout récemment pour demander la municipalisation de la boulangerie [1]. Le pain, a-t-on fait observer, est un aliment qui doit être produit à proximité du consommateur. Il ne peut être mis en dépôt ni transporté sans perdre ses qualités nutritives. Ces caractères font de la boulangerie un monopole local, et le public est condamné à une impuissance absolue à leur égard.

Aussi, les boulangers repoussent tout perfectionnement dans la préparation du pain ; ils se montrent sourds à tout nouveau procédé, et cela parce qu'ils n'ont à craindre aucune concurrence.

Nous n'avons pas à discuter ici la municipalisation des boulangeries. S'il y a de bons arguments pour la défendre, la réforme n'est cependant pas aussi urgente que celle de la transformation des grands services communaux.

Ce qu'il faut seulement retenir, c'est qu'avec le système des concessions, les services publics sont serfs d'intérêts financiers, serfs aussi des décisions souveraines de la jurisprudence.

On objecte, il est vrai, que l'intérêt des sociétés est cependant en concordance parfaite

---

1. *La municipalisation de la boulangerie*, par DE Weïcns-Glon (Rev. d'éc. politique, 1897, p. 961). — *L'Économiste français*, 11 déc. 1897, p. 763. — Les mêmes arguments ont été invoqués en faveur des boucheries municipales. (*Écon. français* 1889, 1, 73.)

avec celui des particuliers, puisque leur intérêt
est de ne prélever sur les consommateurs que
la juste rémunération des services rendus, et
aussi d'abaisser les taxes afin de favoriser le
développement de leur industrie.

A cela nous répondons que, si la commune,
elle aussi, est bien forcée de se préoccuper du
produit de son exploitation, afin de ne pas laisser avilir ses recettes, elle peut toutefois, à la
différence des sociétés concessionnaires, prendre dans l'intérêt général certaines mesures, et
faire certains abaissements de taxes que ne
peuvent pas faire les compagnies.

Ainsi donc, l'infériorité et l'inaptitude de la
commune, sous le rapport de la direction et de
l'économie, n'est qu'un procès de tendance [1].
Toutes ces attaques dirigées contre la régie directe au nom de l'initiative individuelle, cette
harmonie constante que l'on montre entre les
intérêts particuliers des concessionnaires et les
intérêts des consommateurs, cette impuissance
naturelle de la commune à être autre chose
qu'un rouage administratif, à exploiter des industries et à pourvoir elle-même au fonctionnement des services publics, tout cela disparaît
quand on veut bien réfléchir aux multiples inconvénients que présente le système des con-

1. Cf. Cauwès, *Écon. politique génér.*, T. I, p. 213.

cessions pour le perfectionnement des services publics, à raison du perpétuel souci de ne pas décourager les actionnaires, de maintenir au même taux et d'élever, si possible, les dividendes.

Est-ce que, du moins au point de vue financier, le système de l'exploitation par des concessionnaires est préférable à celui de la régie directe? Non. Nous allons essayer de démontrer, chiffres en main, que nos adversaires ne sont pas plus solides sur ce terrain que sur le terrain politique et commercial.

CHAPITRE IV

AVANTAGES DE LA RÉGIE DIRECTE AU POINT DE
VUE FINANCIER.

On fait observer d'abord que, pour la commune, les dépenses d'exercice et d'exploitation sont plus élevées que dans l'industrie privée, que les recettes des grands services communaux peuvent varier beaucoup d'une année à l'autre ; or, la commune, comme l'État, a besoin de recettes qui varient le moins possible, et doit être à l'abri des perturbations financières [1].

Il est d'ailleurs tout naturel que les dépenses d'exploitation coûtent plus cher que sous le régime des concessions ; car, en raison de leur irresponsabilité, les employés des communes sont, comme tous les fonctionnaires, enclins à faire de l'esthétisme, à compter davantage avec

---

1. LEROY-BEAULIEU, *L'État*, p. 232. — CAMMEO, *op. cit.*, p. 102. — *Journ. des Écon.*, 1890, T. II. p. 177. — *L'Écon. fr.*. 1881, 2, 727 *fine*. — *Le socialisme municipal* (Discussion à la Société d'écon. polit.) *loc. cit. supra.* — M. Leroy-Beaulieu cite à l'appui de son argument un article de *The Economist*, duquel il résulte que, sur 110 millions de recettes faites par les usines à gaz municipales, les frais d'exploitation atteignent 79 millions environ, soit plus de 70 p. 100 ; les recettes nettes ne montaient qu'à 31 millions de francs, dont 22 millions 1/2 représentaient les charges d'intérêt et d'amortissement

l'art qu'avec les finances de la commune[1].

Ou bien encore, la commune n'hésitera pas, par suite de considérations politiques, à grever considérablement son budget. Des quartiers pauvres sont-ils dépourvus de moyens de transport, manquent-ils d'eau ou d'éclairage, il suffit que la politique s'en mêle pour que tramways et omnibus sillonnent aussitôt les rues. Les finances publiques en pâtissent, peu importe.

« Quand les communes sont abandonnées à elles-mêmes, disait tout récemment M. Brelay à la Société d'économie politique[2], les intérêts électoraux et fractionnaires s'en emparent; le protectionnisme local s'y affirme victorieusement, et tout se fait en vue de favoriser diverses catégories, telles que celles des employés, et surtout des ouvriers... A Paris, on se livre à des

des emprunts spéciaux contractés par ce service. Nous allons montrer plus loin les bons résultats donnés dans la plupart des villes anglaises par les entreprises municipales; mais il faut dès maintenant remarquer que, même en se plaçant au point de vue de la statistique générale, les résultats ont changé depuis 1880, date à laquelle M. Leroy-Beaulieu formulait ces critiques. Voici, en effet, les résultats pour 1891 (*Écon. franç.*, 1896, 1, 136) :

	Recettes	Frais d'exploitation
Compagnies de Londres:	5,162,197 £	3,615,734 £
Compagnies provinciales:	7.604,022 £	5.461,731 £
Entreprises municipales:	6,402,046 £	4,681,035 £

intérêts compris des emprunts qu'elles ont dû contracter pour se rendre acquéreurs des anciennes usines et pour en installer de nouvelles.

1. Leroy-Beaulieu, *L'État*, p. 152.

2. Discuss. sur le Soc. munic., *cit. supra*.

prodigalités insensées, et l'on se restreint sur l'indispensable pour pourvoir à des besoins publics toujours croissants. »

La commune est, au surplus, incapable d'apprécier l'utilité des travaux publics ; c'est pourquoi elle a une tendance à se décider par des considérations politiques et électorales; d'où il résulte fatalement un gaspillage des deniers publics.

Et les mêmes considérations poussent les municipalités à la suppression des tarifs. Ces tarifs sont regardés comme des impôts perçus sur le public, et, par cette raison, on a une tendance, tendance qui va s'accentuant dans chaque nouveau congrès socialiste, à rendre ces services gratuits. Comme cependant il faut de l'argent pour les produire, il résulte de cette gratuité la ruine des finances municipales[1].

Ajoutez à cela les nouvelles charges résultant de la nécessité de créer de nouveaux fonctionnaires, et vous conviendrez aisément qu'il est bien difficile à une commune d'équilibrer son budget, du jour où elle veut exploiter ses grands services d'usage collectif[2].

1. Leroy-Beaulieu, *État*, p. 163 et 213. — V. aussi *Écon. fr.*, 1891, 2, 277, et 1839, 1, 429. — Sur la tendance exagérée à la gratuité des services, v. la brochure déjà citée, *Roubaix socialiste*, par Siauve (Evausy).

2. Leroy-Beaulieu, *État* et *Écon. fr.* 1888, 1, 353. — Discussion à la Soc. d'éc. polit. précitée. —L'objection est également faite en Angleterre. (v. Métin, *op. cit*, p. 618.)

Au total, et c'est là un des arguments les plus décisifs du système que nous combattons, l'exploitation directe a pour résultat un accroissement considérable des dettes locales, surtout si les communes ne veulent pas attendre l'expiration des concessions, et exercent le droit de rachat [1].

La preuve, dit-on, en est fournie par l'Angleterre : le développement considérable de la municipalisation des services publics a eu pour conséquence une augmentation de la dette locale. — Dans son discours du 10 mai 1895, M. Chamberlain constatait en effet que, si la dette publique était tombée de 768.945.757 £ en 1875 à 677.679.571 £ en 1892, soit une diminution de 91.000.000 £, la dette locale était montée de 92.820.100 £ en 1875 à 207.524.093 £ en 1892,

---

1. Cette objection a surtout été faite lorsque a été discutée, au conseil municipal de Paris, la question de savoir comment il serait possible d'obtenir une diminution du prix du gaz. Le rachat proposé par quelques-uns fut énergiquement combattu. Il faudrait, disait-on, payer : 1° pour amortissement encore à effectuer d'actions et d'obligations, 215.000.000 fr. ; 2° treize années de bénéfices au taux actuel, 312.000.000 fr.; 3° moitié de l'actif immobilier amorti, 46.000.0000 fr., en tout 573.000.000 fr. — Emprunterait-on cette somme ? En supposant qu'on pût réaliser l'opération au taux de 4 °/₀, amortissement compris, l'annuité serait de 23.000.000. Par le fait, la ville ne prélèverait pas de droits sur elle-même ; il faudrait déduire des recettes annuelles 5.630.000 fr. — Donc, dépenses en plus 23.090.000, recette en moins 5.630.000 fr., soit charges totales 28.630.000 fr. — L'auteur de ces critiques est cependant obligé d'avouer que la ville gagnerait 36.000.000 par an, soit bénéfice net 6.370.000 fr. — Mais alors, cela atténue très sensiblement la critique (v° *Écon. fr.* 1882, 2, 327, et 1893, 1, 395.)

— 247 —

ce qui fait une augmentation de 115.000.000 £ [1].

Donc, en dix ans, à cause du développement de la municipalisation, la dette locale a augmenté de près de 3 milliards, et une ligue, la *Liberty and property defence league*, s'est alors constituée pour arrêter le mouvement municipalisateur.

Il y a à cet argument, qui paraît au premier abord si puissant, trois réponses à faire :

D'abord, l'augmentation des dettes locales n'est pas particulière aux pays dans lesquels on a municipalisé les services communaux.

Ensuite, les communes qui ont exploité directement leurs services ont fait des bénéfices.

Enfin, on constate que, dans toutes ces communes, le prix des produits fournis et des services a diminué beaucoup.

Depuis un demi-siècle, les dettes locales ont

1. C. rendu de l'Ac. des sc. mor. et pol., T. 144, p. 897 et 893. — Exposition universelle de 1889, Groupe de l'économie sociale, T. II, p. 577. Le rapporteur disait déjà que les dettes locales, en 10 ans, avaient augmenté de 42,7 %, et cela parce que les localités avaient emprunté pour distributions d'eau, de gaz, pour installation de tramways, etc. 1.380.970.000 fr. Un article de la *National Review*, 1887, p. 442, précise davantage en prenant quelques villes où il y a régie directe des services publics. De 1841 à 1887, les dettes locales ont monté : à Birmingham, de 4.000.000 £ à 139.500.000 £ ; à Liverpool, de 25.000.000 £ à 200.000.000 £, et à Manchester, à 170.000.000 £.

augmenté dans tous les pays [1]; il résulte de ce fait que la cause de cette augmentation n'est pas uniquement le développement de la muni-

1. En France, la progression de l'augmentation de la dette locale est aussi forte qu'en Angleterre.

La dette locale est en 1862 de   683.938.833 fr.

  —   —   1869   2.049.548.974

  —   —   1890   3 224.088.832

  —   —   1895   4.172.000.000

Si l'on prend la dette municipale en dehors de Paris, elle est, en 1891, de 1.351.000.000 fr., et en 1897, de 1.440.000.000 fr. Dans ces dettes entrent beaucoup d'emprunts pour la construction de halles, de marchés, d'abattoirs, de distribution d'eau (11.051.510 fr. ,de 1837 à 1841, — 30.315.646 en 1866, — 48.546.913 en 1887). (V.: *Rev. gén. d'adm.* 1893, 1, 129 et 286 ; — *La Réforme sociale* 1897, p. 760.) Ceci prouve que se plaindre de l'augmentation de la dette locale, c'est se plaindre de ce que les communes ont un souci toujours plus grand de perfectionner l'hygiène. — En Belgique, où il n'y a pas non plus beaucoup d'entreprises municipales, la dette locale est montée de 73.250.119 fr. en 1835 à 170.182.130 fr en 1889. (*Rec. gén. d'adm.* 1888, 3, 101.) — En Prusse, on constate le même phénomène depuis que, les attributions des municipalités ayant augmenté, les villes ont veillé davantage à assurer le bien-être de leurs habitants.

1866.............	26 millions.		1886.............	127 millions.
1869.............	36 »		1890.............	129 «
1873.............	31 »		1893.............	118 »
1871.............	28 »		1891.............	78 »
1878.............	69 »		1895.............	76 »
1885.............	47 »		1896.............	49 »

Il est remarquable que *cette diminution des trois dernières années correspond au développement de la municipalisation de plusieurs services communaux*, notamment de l'éclairage au gaz. V. *Die preussichen kommunal Anleihen*, par KOEHLER, et *Les dettes locales en Prusse*, par A. RAFFALOVICH, dans *L'Éc. fr.*, 4 juin 1898. — On peut encore signaler un accroissement de la dette locale en Bavière ; elle passe de 23.471.778 m. en 1857 à 151.263 135 m. en 1887. (Gazette officielle du ministère de l'intérieur bavarois de 1889.) — V. encore: *Journ. des Écon.* 1896, T. XXV. p. 476, et *Rev. gén. d'adm.* 1892, 1, 89 ; — *Journ. des Écon.* 1893, T. XV, p. 314 et 1897, n° du 15 décembre.

cipalisation des services communaux. Il faut donc la chercher ailleurs ; mais surtout il faut se demander si cet accroissement momentané des dettes locales est un mal ou un bien.

C'est une singulière façon de raisonner que de dire : le système de la régie directe ne vaut rien, parce qu'il a pour conséquence de faire hausser la dette locale; car on n'envisage ainsi que l'une des faces de l'opération. On ne se préoccupe pas de savoir si cette élévation n'est que momentanée, si la commune trouve son bénéfice à exploiter directement, si le consommateur en retire profit, et si cela ne correspond pas plutôt à la préoccupation bien légitime d'accroître le bien-être général, et d'observer d'une façon plus stricte les règles de l'hygiène.

Or, tel est bien le sens qu'il faut donner à l'accroissement des dettes locales. Une enquête faite récemment en Angleterre auprès de plusieurs grandes villes, permet de mettre en relief tous les avantages que peut retirer une commune de l'exploitation directe des grands services d'usage collectif. Il est indispensable de rapporter ici les points saillants de cette enquête; et, si on veut bien examiner sans idée préconçue les résultats obtenus, on conviendra que le régime de l'exploitation en régie directe n'est pas une chimère, et que, tout en combattant énergiquement les empiétements du socialisme, on peut être partisan de la municipalisation de certains services. M. Fleury disait récemment que « le municipalisme est une véritable régression sociale[1] ». Nous nous permettrons de lui répondre par des faits, par les résultats acquis dans de grandes villes comme Birmingham, Liverpool, Glascow, Bradford, Manchester, Leeds[2].

Birmingham a été la première ville à pratiquer, dans un esprit très large, l'exploitation directe des grands services municipaux. Une des premières réformes consista dans le rachat de la concession de l'éclairage au gaz. Pour cela, la ville dut payer la somme de 450,000 £ pour la propriété de la *Birmingham gas Light and Coke Company* et des annuités de 10 % aux actionnaires de la *Birmingham and Stafford gas Light Company* sur 320,000 £ de son capital et 7 % sur 350,000 £. Au total, le rachat fut pour elle une charge annuelle de 58,200 £.

Le promoteur de cette réforme estimait que la ville pouvait compter sur un bénéfice de 15,000 £ à 20,000 £ la première année, bénéfice qui, en se basant sur l'augmentation normale

1. Discussion à la Société d'Économie politique sur le socialisme municipal (Journ. des Éc. 1897, *loc. cit., supra*.)

2. Les développements qui vont suivre sont empruntés à l'enquête faite en 1894 par M. Dolman, et publiée sous le titre *Municipalities at work*.

de la consommation du gaz, procurerait dans le délai de quatorze ans, un gain annuel de 70,000 £ Cette estimation était faite en supposant que n'augmenteraient ni le prix du gaz ni celui du charbon. La proposition parut si raisonnable au *Council*, qu'une seule voix s'éleva pour protester contre le rachat des compagnies pour l'éclairage au gaz ; et aujourd'hui, les prédictions du succès financier de l'entreprise ayant été plus que justifiées, on trouverait difficilement dans Birmingham un contribuable opposé à la municipalisation.

En effet, la première année, le profit était de 34,000 £ ; en 1889, c'est-à-dire 14 ans après le rachat, le bénéfice net était de 70,337 £ ; en 1893, on constatait que, dans les 17 années écoulées depuis le rachat des deux compagnies, la ville avait fait un bénéfice total de 714,000 £, soit un profit moyen annuel de 42,000 £. — En outre, le prix du gaz, qui était de 3 s. 1 d. sous le régime des concessions, était abaissé successivement à 2 s. 7 (1879), 2 s. 4 (1881), 2 s. 2 (1884), 2 s. 1 (1885).

On s'explique bien, en présence de tels résultats, dus à une admirable organisation de ses finances, que Birmingham ait pu faire, dans ces 24 dernières années, de grandes réformes pour le bien-être de ses habitants ; on comprend bien cette exclamation d'un de ses admirateurs :

« Municipal reformers look to Birmingham as the eyes of the faithful are turned to Mecca. »

A Manchester, la cité du laisser-faire et du laisser-passer, les résultats financiers des entreprises communales sont également bons. En 1893-94, la ville fait un bénéfice net de 30,589 £ pour l'éclairage au gaz, de 22,453 £ pour la distribution de l'eau.

L'œuvre municipale de Liverpool n'est pas moins remarquable, et ce qui est remarquable aussi, c'est de voir, pour une œuvre aussi considérable, une dette locale aussi minime. Pour toutes les entreprises, la distribution d'eau mise à part, les emprunts ne s'élèvent qu'à 2.770,000 £. Les marchés municipaux sont pour elle un revenu de 16,500 £ par an, et les tramways de 6,000 £ à 7,000 £. Pour l'extinction de la dette, la ville a trouvé un moyen qui épargne aux contribuables environ 35,000 £ par an.

Glascow, elle aussi, a, « par la hardiesse et l'importance de ses entreprises, jeté un défi aux autres municipalités du royaume ».

A la différence de beaucoup de villes anglaises, elle exploite directement ses tramways ; et, quoique rien n'ait été épargné pour le bon établissement et la commodité du système adopté, les dépenses faites pour l'achat du matériel ont été couvertes presque immédiatement, et, en 1893, sur la dette contractée pour la construction des lignes, 143,000 £ seulement n'étaient pas payées.

Elle fournit l'eau à ses habitants, et, au dire d'experts, « cette eau est la plus pure, la moins chère et la plus abondante du royaume ». De plus, toutes dépenses faites, y compris le paiement des intérêts de 4 1/2 à 6 p. 100 aux actionnaires des anciennes compagnies de distribution d'eau, elle obtient, en 1889-90, un bénéfice de 50,000 £, en 1890-91 de 43,000 £, en 1893-94 de 42,000 £.

Depuis 1869, elle fournit le gaz à ses habitants ; depuis cette époque, la consommation du gaz s'est élevée de 5,000,000 à 25,000,000 de pieds cubes par jour, ce qui s'explique facilement: les compagnies concessionnaires vendaient le gaz 4 s. 7 d. les mille pieds cubes ; en 1893, la ville le vend seulement 2 s. 6 d. les mille pieds.

On pourrait croire que cet abaissement du prix du gaz a été fait par des considérations de sentiment, d'amélioration de la classe ouvrière, et que les finances communales en ont pâti. Il n'en est rien. Jusqu'en 1845, la « Corporation » de Glascow ne levait aucune taxe. Grâce à ses revenus, elle put faire venir l'eau du lac Katrine pour la distribuer à ses habitants, et établir le service de tramways. Malgré de nouvelles entreprises, ses revenus s'élevaient de 173,783 £ en 1851, à 518,726 £ en 1891.

Et aujourd'hui, les charges locales de Glascow
sont légères, surtout si on les compare à celles
supportées par les habitants de Londres, qui
cependant ont en retour bien moins d'avantages.

Bradford, ville de 223,388 habitants (1894)
était, en 1844, « la ville la plus sale et la plus im-
pure du royaume ». En 1854, elle entreprend la
distribution collective de l'eau; en 1869, la
fourniture du gaz, plus tard l'éclairage à l'électricité et les tramways, et aujourd'hui « elle peut
être donnée comme modèle aux villes de son
importance ».

Le rachat de la concession de l'éclairage au
gaz fut célébré par un grand banquet, auquel
on convia les actionnaires de la compagnie dé-
funte. Ils ne se seraient probablement pas tant ré-
jouis, s'ils avaient pu prévoir l'augmentation
énorme des bénéfices que cette entreprise allait
procurer à la ville.

C'est en 1869 que le rachat était fait, et, le 31
mars 1894, toutes charges payées, Bradford fait
sur le gaz un profit de 373,609 £, soit plus de
16,000 £ par an ; et elle abaisse le prix du gaz de
3 s. 6 d. les mille pieds cubes (1873) à 2 s. 3 d.
(1894). Un capital de plus de 600,000 £ a été
placé par la ville dans cette entreprise, et aujour-
d'hui, l'actif accuse sur le passif un excédent de
164,922 £.

L'entreprise municipale de la lumière électrique n'a pas donné de moins bons résultats : en 1890-91, pendant les dix-huit premiers mois de l'entreprise, il y eut, il est vrai, une perte de 1,739 £ ; mais, dès 1892, elle avait un profit net de 1,385 £, et ce profit allait croissant à 1,623 £ en 1893 et 2,138 £ en 1894. Elle fait d'ailleurs payer au consommateur un prix de 5 d. par unité, qui est moins élevé que celui exigé par les compagnies concessionnaires dans les autres villes.

D'autres réformes municipales ont moins bien réussi, et c'est sans doute ce qui explique que la dette de Bradford ait augmenté. Mais il faut se hâter de dire que les habitants ne s'en plaignent pas : loin de réagir contre le mouvement municipalisateur, ils en demandent au contraire l'extension.

Nous voulons enfin citer l'exemple de Leeds, qui, en entreprenant la distribution de l'eau, en a triplé la consommation, qui, en municipalisant le gaz, a pu abaisser le prix de vente et cependant faire un profit de 13,259 £, et, en exploitant les tramways, a fait, dans les huit premiers mois, un bénéfice brut de 5,676 £, a augmenté le salaire des employés, diminué la journée de travail, transporté en six mois 500,000 voyageurs de plus que les compagnies concessionnaires.

Ces faits suffisent, croyons-nous, à prouver que la municipalisation des grands services communaux n'est pas une « régression sociale ».

Les dettes locales ont augmenté, cela est certain
et inévitable ; le procédé de racheter sans accroître la dette communale est encore à trouver ;
mais en même temps a augmenté le patrimoine
de la commune. Il ne faut pas seulement regarder le passif, il faut encore voir l'actif. Or, les
chiffres que nous avons donnés donnent un démenti éclatant à ceux qui pensent que les municipalités vont à leur ruine en exploitant elles-
mêmes leurs services [1].

1. On a constaté que, sur 18 communes ayant fait le rachat des
entreprises d'éclairage au gaz, une seule avait été en perte et quatre
seulement n'avaient pu diminuer le prix de vente. Voici, du reste,
les chiffres que nous empruntons à l'*Archiv. Giur.*, т. 55, p. 105.

DATES des RACHATS		PRIX DE VENTE au pied cube		PROFIT NET des communes en livres sterling
		faits par les Compagnies	faits par les communes	
Dundee	1868	5 sh. 2 d.	4 sh. 4 d.	1.951
Glascow	1869	4 sh. 7	4 sh. 2	17.803
Leeds	»	3 sh. 9	2 sh. 9	8.0 9
Rotterham	1870	3 sh. 9	3 sh. 5	3.281
Aberdeen	1871	5 sh. 10	4 sh 7	3.459
Perth	»	5 sh. 8	5 sh 8	*Perte*
Arbroath	»	5 sh. 10	5 sh.	525
Kilmanrock	1872	5 sh. »	3 sh.	1.105
Bolton	»	3 sh. 4	3 sh. 4	10..05
Dumbarton	1873	4 sh. 7	4 sh. 7	»
Wigan	»	4 sh. 2	3 sh. 10	7.017
Nottingham	1874	3 sh. 6	3 sh.	5.781
Neath	»	3 sh 6	5 sh.	1.891
Leigh	»	5 sh. 6	4 sh.	1.451
Belfast	»	4 sh. 6	3 sh. 7	7.939
Birmingham	»	3 sh. 4	3 sh.	31.122

V. aussi les tableaux des Profits pour 1893-94 dans DOLMAN,
Municipalities at work, p. 140.

Non seulement ces chiffres prouvent que les communes ont un grand intérêt à pratiquer la régie directe, ils montrent encore que le consommateur, lui aussi, y trouve son compte, puisque la commune lui fait payer moins cher que les compagnies concessionnaires ses produits ou ses services.

Dans les cités anglaises que nous avons étudiées, le prix du gaz est en moyenne de dix centimes le mètre cube [1]. Ce prix est doublé dans les autres pays [2], triplé en France [3].

1. En moyenne, le prix du gaz est, à Birmingham, Glascow, Bradford et Leeds, d'environ 10 cent. le mètre cube. Il coûtait en effet, vers 1890, 2 sh. les mille pieds cubes (env. 9 c. 2 le m. c.) à Birmingham, 2 s. 6 à Glascow, 2 s. 2 à Bradford, 2 s. 4 à Leeds. A la même époque, il coûtait à Londres, vendu par des compagnies privées, 20 cent. le mètre cube.

2. En Allemagne, les villes gèrent souvent elles-mêmes par voie de régie les entreprises de distribution de gaz. Cependant, bien que le prix de revient du gaz soit de 10 c., le gaz est vendu aux particuliers environ 20 c. — A Berlin, la concurrence entre les usines municipales et une compagnie concessionnaire a eu pour résultat une diminution de prix; mais le prix en est encore très élevé. On constate cependant dans quelques villes une diminution : à Leipzig, le prix du gaz est tombé à 27 c. 1/2 (1887) à 22 c. 50 (1892-93; à Dresde, de 25 c. (1887) à 21 c. 25 (1893); à Mayenne, de 37 c. 1/2 (1887) à 25 c. (1893); à Munich, de 31 c. 25 (1887) à 28 c. 75 (1893). A Rudolstadt, une usine municipale vend le gaz 25 c. (Comp. Rev. gén. d'adm. 1887. 1. 83; 1893. 1. 215; 1895. 1. 471; *adde :* l'Écon. fr. 1897. 1. 703.) Dans les autres pays, les prix sont sensiblement les mêmes pour les particuliers : Milan (1890), 20 c.; Turin, 18 c.: Gênes, 25 c.; Bruxelles, 13 c.; Trieste, 25 c.; Budapesth, 23 c.; il est moitié moindre pour le gaz destiné à l'usage public. (Comp. François, *Démographie, édilité et administ. de quelques grandes villes*, Rev. d'Éc. pol. 1895.)

3. A Paris, le gaz est vendu en effet 30 cent. aux particuliers; Bordeaux, 21 c. seulement.

L'électricité coûte moins cher vendue par une usine municipale que par une société concessionnaire [1].

Il en est de même pour l'eau [2].

En ce qui concerne les tramways, il est remarquable que beaucoup de villes qui exploitent elles-mêmes les services de distribution d'eau et de gaz, ont concédé les entreprises de tramways ; cependant les rares entreprises municipales ont donné de bons résultats [3].

1. A Genève, la municipalité, qui a utilisé la force motrice du lac Léman, vend le cheval-heure de 16 c. à 05 c. (ACHARD, déjà cité *Rev. d'Éc. pol.* 1890, p. 499), alors qu'ailleurs le cheval-heure est estimé à 32 c.) — V. BERINGER, *Kritische Vergleichung der elektrischen Kraftuebertraetung.* — V., pour plus de détails : DOLMAN, *op. cit.*, passim ; — *Rev. gén. d'adm.* 1894. 1. 79 ; 1895. 3. 210 : 1896. 1. 463.

2. Avec l'exercice direct, elle coûte 25 c. à Berlin, 22 1/2 à Bruxelles, 12 1/2 à Hambourg (le m. cube). — Avec l'exercice par les compagnies, à Paris, elle coûte 33 c. — A Glascow, l'exercice direct a eu pour résultat de faire tomber la « water-rate » de 1 sh. 2 d. à 6 d. (CAMMEO, T. 55, p. 107 ; DOLMAN, p. 73).

3. A Glascow, avec le tramway municipal, on peut faire 3 « miles » pour 1 « penny ». Mais les compagnies concessionnaires ne font pas payer plus cher que les communes. — En Allemagne, le prix est en moyenne de 10 pf. pour une distance de 2 à 3 kilom. (à Berlin, Hambourg, Leipsig, Metz, Stuttgard, Strasbourg). — Comp.: DIETRICH, *Tramways et intérêts communaux*, dans *Gaz. des com.* ; — Dr. HILFE, *Die Haftpflicht der Strassenbahnen.* Berlin, 1880 ; — *Rev. gén. d'adm.* 1889. 1. 223.. — En France, la moyenne du tarif perçu par voyageur varie entre 9 c. (Toulouse) et 23 c. (Chambéry). Il y a en tout, en 1896. 37 villes desservies par des tramways, dont 16 à traction animale : Nice, Marseille, 12 c. par personne ; Nimes, Toulouse, 9 c. ; Bordeaux, 16 c. ; Orléans, 13 c ; Reims, 15 c. ; Nancy, 15 c. ; Lille, 16 c. ; Dunkerque, Boulogne, 15 c. ; Calais, 15 c. ; Lyon, 13 c. ; Paris, Amiens, Toulon ; — 5 à traction à vapeur : Grenoble, Saint-

Est-il besoin, après cela, de montrer les nombreux avantages techniques de cet abaissement des prix, auquel on ne peut songer sous le régime des longues concessions? Le bon marché de l'eau n'est-il pas le coefficient principal de l'hygiène publique: il faut non seulement que cette eau alimente les fontaines publiques, mais il est aussi indispensable que toutes les maisons, surtout celles des pauvres, en soient abondamment pourvues. Les municipalités seules sont capables de pourvoir à cette distribution, sans rechercher de trop gros bénéfices; dans une telle industrie, les sociétés concessionnaires ne peuvent grossir les dividendes de leurs actionnaires qu'au détriment de la santé publique.

Moins essentiel est le bas prix du gaz ou de l'électricité; cependant, le gaz est d'un emploi commode pour l'éclairage et le chauffage; aussi est-il considéré en Angleterre comme un puissant facteur de bien-être pour les classes ouvrières, dont il embellit ou tout au moins rend plus confortable la maison [1]. Employés comme force

Étienne, Saumur, Cherbourg, Lyon; — 14 à traction électrique: Dijon, 10 c.; Besançon, Rennes, St-Étienne, 12 c.; Angers, Châlons-sur-Marne, Roubaix et Tourcoing, 18 c.; Clermont-Ferrand 13 c.; Le Mans, Versailles, Le Havre, Rouen, 12 c., Limoges; — et enfin deux villes ont des tramways à air comprimé: Nantes, 14 c., et Aix-les-Bains. — (Ces renseignements nous ont été gracieusement donnés par le Ministère des Travaux publics.)

1. SILVERTHORN, *The transfer of gas-work to public autorities*, p. 2

motrice, le gaz et surtout l'électricité peuvent aider le travail domestique : c'est là un point sur lequel ne portent pas assez les efforts des communes. Les transmissions à distance de la force motrice à bon marché permettrait à l'ouvrier le travail à la maison, le retour à cette industrie de famille tant rêvée par Le Play[1].

Est-il besoin aussi de s'attarder sur une meilleure répartition des richesses, qui résulte de l'exercice direct des services communaux. De 1878 à 1894, les salaires des ouvriers gaziers employés par la commune augmentèrent de 6 p. 100[2]. Et, d'un autre côté, le nombre des heures de travail ayant été diminué, il fut possible d'embaucher un plus grand nombre d'ouvriers[3].

---

1. Cette raison est invoquée à l'appui du projet de loi sur les distributions d'énergie, déposé à la Chambre des députés (12 juillet 1897) par MM. Barthou et Turrel. « Notre société, dit ce projet, souffre de la concentration des ouvriers, hommes et femmes, dans nos immenses usines. L'atelier familial d'autrefois a disparu ; la distribution de l'énergie à domicile permettra de le reconstituer, et même de le reconstituer dans les campagnes, où l'artisan, sa femme et ses enfants pourront ensemble joindre le travail agricole au travail industriel, et s'assurer une vie commune à la fois plus hygiénique et plus morale, avec plus de bien-être. » *(Les distributions d'énergie,* par G. MICHEL, *Écon. fr.,* 1897, 2, 459) Les motifs de ce projet de loi sont la meilleure preuve que Le Play n'était pas, comme on l'a parfois prétendu, un utopiste et un rêveur.

2. La paye hebdomadaire monta de 37 fr. 25 à 38 fr. 30. (COGNETTI DE MARTIIS, *Le socialisme en Amérique.* — V. aussi DOLMAN, *op. cit.* passim.) — Birmingham a même cherché le moyen de donner une boisson hygiénique aux ouvriers chauffeurs, et, après délibération, on leur a donné à discrétion de l' « oatmeal water ».

3. Cf. DOLMAN, *op. cit.,* p. 5, 67. — On constate un accroissement

Comment ne voit-on pas non plus que, les bénéfices des entreprises allant à la commune et non à des sociétés, le contribuable aura le plaisir de sentir diminuer le pesant fardeau des contributions communales?

Enfin, le régime des concessions, par les conflits continuels qu'il occasionne entre concédant et concessionnaire, est encore une cause de diminution des deniers communaux, et c'est un motif de plus pour, au point de vue financier, préférer l'exercice direct[1].

Augmentation de bénéfices, diminution des prix de vente, augmentation des salaires des ouvriers, ne sont-ce pas là des avantages financiers qui méritent d'être pris au sérieux? Les dettes locales augmentent par suite du rachat; mais augmente en même temps le patrimoine communal, le bien-être des habitants, la rémunération du travail; et les faits auront raison de la critique que l'on fait au point de vue financier à l'exercice direct, comme ils ont eu raison des obstacles qu'on a voulu lui dresser au point de vue technique ou commercial.

de population dans les villes où existent des entreprises municipales: ex., à Glascow. (DOLMAN, *op.cit.*, p.81)

1. Cf. ACHARD, *op. cit.* p. 509, *Rev. gén. d'adm.*, 1897, 2, 462.

CONCLUSION

On invoque, en faveur du régime des concessions, des arguments d'école ; à cela nous
répondons en montrant quels résultats a
donnés l'application du système de la régie
directe, résultats qui ont une importance toute
particulière, puisqu'ils ont été obtenus et pro-
voqués par ceux-là mêmes qui ont été les plus
fervents disciples de l'école de la liberté individuelle et de la libre concurrence.

En 1870, le Royaume-Uni [1] comptait seulement 75 entreprises municipales pour l'éclairage public et privé, et 101 entreprises municipales de distribution d'eau ; il n'y avait pas de

1. V. pour plus de détails : Métin, *Le socialisme en Angleterre*,
p. 227 et suiv ; — Rapports à l'Exposition universelle de 1889, sec-
tion de l'Économie sociale, T. II ; l'Économiste français 1897, 1, 140
(*Écon. fr.* 1896, 1, 136) ; — *The Economist*, 29 déc. 1891 ; — Leroy-
Beaulieu, *Les envahissements municipaux*, *Écon. fr.* 1888, 1, 353 ;
— Benoit Malon, *Le socialisme intégral*, II, p. 360 et suiv. — *The
Economist* du 28 décembre 1895 donne les chiffres suivants, qui
prouvent le succès croissant des entreprises municipales.
Nombre de consommateurs servis :

	Par les compagnies	Par les communes
1885	1.115.222	979.802
1890	1.153.959	1.143.289
1894	1.266.943	1.257.274

tramways municipaux. En 1878, le nombre des villes pratiquant la régie directe pour l'éclairage, est de 115, en 1883 de 148, en 1893 de 192. La fourniture de l'eau est entreprise dans 168 villes en 1893 ; enfin, en 1894, 37 conseils locaux exploitent 315 milles de tramways, avec une mise de fonds totale de 3.887.534 £.

On n'a jamais vu, dit M. Métin [1], une ville revenir à l'entreprise particulière après avoir essayé des services publics. « Le mouvement municipal n'a jamais reculé. »

On peut en dire autant en Allemagne, où il existe de nombreuses entreprises municipales d'éclairage au gaz [2].

Aux États-Unis, au contraire, on constate un recul assez prononcé en ce qui concerne le service de l'éclairage au gaz, puisque, sur neuf exploitations municipales qui existaient en 1889, il n'y en a plus aujourd'hui qu'une seule, celle de Richmond [3]. Mais, en revanche, 300 villes

1. *Op. cit* , p. 227.
2. V. Cammeo, *op. cit., Arch. giur.*, t. lv, p. 326; *Écon. fr.*, 25 déc. 1897. p. 829 et suiv. ; — *Rev. génér. d'adm.* 1897, 2, 462. — 1892, 1, 87.
3 Ces villes étaient Philadelphie, Richmond, Alexandria (Virginia), Henderson (Kentucky), Wheeling (West Virginia), Belle-fontaine (Ohio), Danville (Virginia), Charlotteville (Virginia), Hamilton (Ohio). En 1896, Philadelphie et Richmond avaient encore des usines municipales; mais une ordonnance de 1897 vient de concéder pour 30 ans à une compagnie le service du gaz de Philadelphie. Aussi, à côté du mouvement municipalisateur, s'est-il formé, depuis quelques années, un autre mouvement pour demander

environ exploitent l'éclairage électrique [1], 544 possèdent des « water-works » municipaux, et l'on a remarqué que, sur 135 villes ayant plus de 10.000 habitants, 91 ont entrepris elles-mêmes le service de la distribution collective de l'eau [2]. Au total, le mouvement municipalisateur aux États-Unis accuse plutôt un progrès qu'un recul.

Il est donc à souhaiter que le régime de la régie directe s'acclimate en France et y acquière droit de cité. Certes, nous ne voulons pas dire que toutes nos municipalités sont prêtes à entreprendre immédiatement.l'exploitation de grands services communaux. Une éducation politique avancée, une grande honnêteté et une complète indépendance dans l'administration de la commune sont en effet les conditions premières et indispensables de la régie directe.

Nous n'avons pas eu d'autre but que de

seulement que des *high compensations* soient imposées aux concessionnaires. (Comp. : BEMIS, *Municipal ownership of the gas in the United States ; — The municipality and the gas supply as illustrated by the experience of Philadelphia*, par M. ROUVE, dans les *Annals of the Academy of political and social science*, mai 1898 ; — HADLEY, *Economics* 1897, p. 116 à 179 ; — Exposition universelle de 1889, Groupe de l'économie sociale, T. II, p. 5C5 ; — P. LEROY-BEAULIEU, *L'État moderne*, p 232 et suiv. ; -- *Journal des écon.* 1893, T. XV, p. 314 ; — 1807, T. XXXII, p. 486 ; — P. DE ROUSIERS, *Les services publics et la question des monopoles aux États-Unis, Rev. pol. et parlem.* 1898, p. 89.)

1. Comp. P. DE ROUSIERS, *loc. cit.*, p. 89.
2. LEROY-BEAULIET, *L'État moderne*, p. 234.

montrer aux municipalités l'idéal vers lequel elles doivent tendre, idéal qui n'est pas une chimère, puisque, dans certains pays, il est devenu un fait, une réalité ; idéal qui n'est pas non plus un facteur de désorganisation sociale, puisque l'Angleterre, pour être le pays le plus avancé dans le mouvement municipalisateur, est cependant l'un des moins avancés dans le mouvement socialiste.

A vrai dire, il y a autant de communes prêtes pour l'application du système de l'exploitation directe qu'il y a de municipalités mûres pour la décentralisation administrative. Ce sont là deux réformes qui peuvent marcher de front, et être inscrites dans un même programme.

Peut-être, les partisans de la décentralisation administrative ne voient-ils pas toujours bien que celle-ci est la cause et la condition de la décentralisation économique. Nous assistons en effet, de nos jours, à deux courants ayant une origine différente. D'un côté, à une centralisation administrative à outrance a succédé un mouvement de décentralisation ; d'autre part, nous voyons un mouvement de décentralisation économique dirigé par les socialistes [1].

Or, on aurait tort de croire que ces deux

1. Comp.: G. GHISLER, *Action décentralisatrice du socialisme.* (*La Revue socialiste*, T. 18, 1893, p. 259 à 275.) — *Centralisation et décentralisation socialistes.* (*J. des écon.*, 1893, T. 15.)

courants doivent rester isolés l'un de l'autre; car la décentralisation économique suppose la décentralisation administrative, et la décentralisation administrative, de son côté, fraye le chemin à la décentralisation économique.

Les socialistes sont donc logiques, lorsqu'ils font de la décentralisation administrative le premier article de leur programme, le chef et le fondement de toutes leurs réformes [1].

Faut-il cependant rejeter la décentralisation administrative parce qu'elle leur donne satisfaction? Rejeter aussi le système de la régie directe parce qu'il est une page de leur programme?

Non. Il y a d'ailleurs cette différence entre eux et nous qu'ils voient dans l'autonomie communale un *moyen* pour parvenir à la socialisation, tandis qu'elle est pour nous une *fin*, comme est une fin et non un moyen, l'exploitation directe des grands services communaux.

Mais il y a longtemps que la question de la décentralisation administrative reste posée sans jamais être résolue, et que l'on cherche à guérir

---

1. Comp.: MATAJA.(*Le socialisme municipal*), *Rev. d'econ. pol.*, 1894, p. 968 et suiv.— Exposition de 1889, Groupe de l'économie sociale, T. II, p. 555 et suiv.—On y trouvera indiquées les causes qui aident ou arrêtent la marche de la municipalisation des services publics. — *Le socialisme municipal*, par L. SAY (Académie des sc. morales et polit., T. 144, 1895, p. 883 et suiv.).— *Le socialisme communal*, VEBER, Revue socialiste 1893, p. 641-667. — *Le socialisme municipal* (Soc. d'écon. pol., *J. des écon.*, 1897. p. 406). — BENOIT MALON, *op. et loc. cit.* — *Roubaix socialiste*, par G. SIAUVE.

le corps social « frappé d'apoplexie au centre et de paralysie aux extrémités ». Ne suffirait-il pas de municipaliser les grands services communaux pour apporter un premier remède à cet état morbide, réchauffer les extrémités refroidies du corps social, secouer l'engourdissement de ses membres et rétablir, dans toutes ses artères, une plus normale circulation ?

TABLE DES MATIÈRES

Pages.

INTRODUCTION   1

PREMIÈRE PARTIE

Théorie générale des monopoles communaux

CHAPITRE I. — NOTION ÉCONOMIQUE DU MONOPOLE COMMUNAL. — SON OBJET.   11

CHAPITRE II. — DU DROIT QUI APPARTIENT A LA COMMUNE DE CRÉER DES MONOPOLES.   32

DEUXIÈME PARTIE

De la concession des monopoles communaux

CHAPITRE I. — NOTIONS GÉNÉRALES   49

CHAPITRE II. — NATURE JURIDIQUE DE LA CONCESSION .   63

CHAPITRE III. — SES CONDITIONS   91

CHAPITRE IV. — SES EFFETS.   107

§ 1. — Pendant la période d'exécution des travaux.   108

§ 2. — Pendant la période d'exploitation.   139

§ 3. — Quand la concession finit . .   177

TROISIÈME PARTIE

De la régie directe par les municipalités des monopoles communaux

CHAPITRE I. — POSSIBILITÉ DE LA RÉGIE DIRECTE AU POINT DE VUE DU DROIT ADMINISTRATIF.   201

CHAPITRE II. — SES AVANTAGES AU POINT DE VUE POLITIQUE.   211

CHAPITRE III. — SES AVANTAGES AU POINT DE VUE TECHNIQUE ET COMMERCIAL..   224

CHAPITRE IV. — SES AVANTAGES AU POINT DE VUE FINANCIER   243

CONCLUSION.   262

Imprimerie spéciale de thèses — Ch. VALIN. 7 et 9, rue au Canu, Caen

ERRATA

Page 21, note 1, ligne 2 : *au lieu de* n'interdit pas aux, *lire* n'interdit aux...

» 129, ligne 22 : *au lieu de* l'opération de travaux publics se définit, *lire* l'expropriation pour cause d'utilité publique se définit...

» 207, » 24 : *au lieu de* n'est pas nécessairement un monopole, *lire* n'est pas nécessairement un monopole de droit.

» 256, note 1, tableau, colonne 2 : *au lieu de* prix de vente au pied cube, *lire* prix de vente aux 1.000 pieds cubes.